KB046343

거래소

Zweck und äußere Organisation der Börsen
Der Börsenverkehr

Max Weber

거래소

Die Börse

막스 베버 지음
이상률 옮김

 문예출판사

차례

일러두기

* 이 책은 《사회학과 사회정책 논문집 *Gesammelte Aufsätze zur Soziologie und Sozialpolitik*》 (J.C.B. Mohr, Tübingen, 1924) 256~322쪽을 번역한 것이다.
* 원문의 이탤릭체는 볼드체로, 강조 기호(» «)는 작은따옴표로 표기했다. 본문과 원문 주석에서 괄호([ ])로 묶인 부분은 옮긴이가 추가한 것이다.
* 원문의 주석과 옮긴이의 주석은 모두 각주로 처리하고, 옮긴이의 주석에는 '옮긴이 주'라고 표기했다.

제1부 거래소의 목적과 외적 조직[*]

이 개요는 **오로지** 여기에서 서술하는 내용과 전혀 무관한 사람들을 처음 계도하는 것만을 목표로 한다. 그리고 이어지는 제2부에서는 거래소의 내부 사정과 거래소 거래를 논할 것이다. 따라서 이 개요는 가능한 한 아무것도 모른다는 것을 전제로 했다. 중요한 점은 이 개요가 그 목적에 도움이 되는가 하는 것뿐이다. 따라서 여기에서는 의도적으로 어떤 비난도 하지 않는다. 현재의 거래소 상태에 대해 국민의 광범위한 계층이 행하는 비판이 효과가 없다면, 그 주된 이유는 이 비판이 아주 피상적이기 때문이며, 또한 무지함이나 이해 대립으로만 생겨날 수 있는 오류를 저지르기 때문이다. 그러나

- 이 글은 프리드리히 나우만이 편집한《괴팅겐 노동자 문고*Göttinger Arbeiter-Bibliothek*》(1894)에서 처음 출판되었다.

제1부 거래소의 목적과 외적 조직

9

이 피상성은 또한―솔직히 말하면―위험한 생각에서도 유래한다. 즉 거래소는 전적으로 사회주의가 아닌 모든 사회조직에는 결코 없으면 안 되는 제도인데도 그 성질상 거짓말과 속임수를 써서 성실하게 일하는 국민을 희생시키는 일종의 공모자 클럽에 지나지 않기 때문에, 이 제도를 어떻게든 없애버리는 것이 가장 좋으며―무엇보다도―없애버릴 수 있다고 생각하는 것이다. 그러나 실정을 잘 모르고 정한 실현 불가능한 목표보다 노동운동을 더 위태롭게 하는 것은 없다. 잡지의 표제[《괴팅겐 노동자 문고》]가 가리키는 그대로 이 글은 우선 노동운동가들을 대상으로 한 것이기 때문이다.

거래소는 **근대적인 대규모 상거래**의 한 제도이다. 거래소가 근대적인 경제 방식에 없어서는 안 되는 이유는 일반적으로 근대적인 형태의 상거래가 생겨난 이유와 똑같다. 거래소는 근대적인 대大상업과 마찬가지로 예전에는 필요하지도 않았으며 있을 수도 없었다. 왜 그런가? 아주 먼 옛날로까지 거슬러 올라가서 인간의 노동을 추적하면, 인간은 무엇보다도 또 당연히 자신의 욕구를 충족시키기 위해 재화를 생산했음을 우리는 볼 수 있다. 인간은 먹거나 입는 데 필요한 것 또는 추위와 폭풍우로부터 자신을 보호하는 데 필요한 것을 자신의 손노동을 통해 자연에서 얻으려고 했다. 그러나 혼자 내버려져 있는 개인은 결코 자연에 맞설 수 없었다. 단순히 생존만을 위해서라도 이미 인간은 예전부터 다른 사람과의 공동생활에 의지했으며 지금도 의지하고 있다. 아이가 엄마 젖에 의지하는 것처럼 말이다. 그리고 아이가 자기 엄마를 선택하지 못하는 것처럼, 개인도 자기가 필요로 하는 공동체를 자기 마음대로 선택하지 못했다. 이 공동체는 인생 항로에서 그에게 주어졌다. 그는 이 공동체에서, 즉 가부장의 무제한적인 지배하에 있는 가족이라는 견고한 단체에서 **태어났다**. 물론 이 가족은 오늘날 우리의 가족과는 모습이 달랐다. 왜냐하면 가족의 구성원은 형제, 사촌, 처가, 먼 친척 그리고 자유롭지 않은 하인(전쟁의 폭력에 굴복한 자들이나 추위 또는 가축의 죽음으로 인해 재산을 잃어버린 자들은 역사상 가장 오래된 법규범에 따라─그들이 살고 싶었다면─승자나 재산 소유자의 노예가 될 수밖에 없었다)을 포함했기 때문이다. 이러한 가족은 가장 오래된 경제 공동체이다. 이 가족은 재화를 공동노동으로 만들어냈으며 또 그 재화를 공동으로 썼다. 게다가 그들은 자신들이 직접 만들어낸 것만 썼으며(그들은 다른 것을 쓸 필요가 없었기 때문이다), 또한 쓰고 싶은 것만 만들어냈다(그들은 남는 것을 달리 쓸 수가 없었기 때문이다).

이것을 오늘날의 경제 방식의 성격과 비교하면, 엄청난 대조가 즉시 드러난다. 그것과는 반대되는 원리가 지배하기 때문이다. 즉 개인은 **그 자신이** 사용하고 싶은 재화를 만들어내지 **않고**, 그가 예상하기에 **다른 사람들이** 사용할 것으로 보이는 재화를 만들어낸다. 그리고 각 개인은 그 자신의 노동 산물을 쓰는 것이 아니라 **다른 사람의** 노동 산물을 쓴다. 이 원리가 일반적으로 통용되지 않는다는 것은 자명하다. 원시림 개척자들이나 미개척 국가의 오지에 있는 농민에게는 이 원리가 통하지 않는다. 이 원리는 우리 소농들에게 제한적으로만 통용된다. 이들은 우선 자기 땅의 수확물로 살고, 남는 것만 팔기 때문이다. 그러나 그 원리는 아주 오래된 시대의 기업과는 달리, 근대가 만들어낸 경제 기업에는 그대로 통용된다. 근대 기업가는 자신이 재화를 사용할 수 있는가가 아니라, 그 재화가 '구매자'를 만나게 될 것인가의 관점, 즉 다른 사람들이 혹시 그 재화를 사용할 것인가의 관점에서 생산을 한다. 또 그런 관점에서 생산하지 않으면 안 된다.

이런 극단적인 대조 사이에서 역사적으로 수천 년에 걸쳐 발전이 이뤄져왔는데, 그 과정에서 오래된 공동체들이 해체되었다. 이 역사적인 발전은 각각의 경제를 끊임없이 커지는 다른 경제권과 엮어서 하나의 **교환 공동체**로 결합시켰다. 근대에는 이러한 경제권이 모든 문화 민족에 확대되고 있다. 그리고 이 역사적인 발전은 다른 한편으로는 재화를 증대시켰다. 이 역사의 발전 과정에서 생겨난 경제는 그 재화를 자신이 사용하지 않고 다른 경제에 내주었다. 여기에서 **상업**이 시작되었다.

재화의 단순한 물리적인 생산과 그에 필요한 육체노동 외에도, 이 재화에 대한 욕구를 충족하려면 또 다른 것이 필요하다. 이 재화는 그것을 사용해야 하는 사람이나 사용하고 싶어 하는 사람에게 공급되어야 하며, 필요로 하는 바로 그 시점에 공급되어야 한다. 이를 위해 오늘날의 사회질서에 요구되는 것은 **재화 교환**이라는 수단이며, 이 재화 교환을 성사시키는 활동이 상거래이다. 아주 오래된 가부장제 가족 공동체는 상거래를 필요로 하지 않았다. 이 공동체는 기본적으로 자신들이 만들어낸 것만 사용했으며, 사용하는 것만 만들어냈기 때문이다. 사치품에 대한 욕구가 싹틀 때 비로소 물물교환 거래가 시작되었다. 금속제 도구, 호박琥珀, 귀금속, 비싼 직물이 가장 오래된 상거래 대상이다.

이 상거래는 떠돌이 상인이 맡았다. 이방인이기 때문에 권리가 없으나 미신 때문에 두려움의 대상인 이 남자, 즉 싫지만 없으면 안 되는 이 남자는 신의 보호하에 있었다. 마치 고대 오리엔트에서 독사가 숭배되곤 했던 것처럼 말이다. 시간이 흐르면서 관계가 보다 규칙적인 형태로 발전되었다. 떠돌이 상인 외에도 정기적인 큰 시장이 생겨났다. 우리는 그런 시장을 지금도 중앙아시아에서 볼 수 있다. 여기에서도 함께 거래하는 사람들은 서로 다른 부족의 사람들이다. '국제성'이 상업자본의 요람이었다.

부족원들의 공동체 **안에서는**, 그리고 부족원들 사이에서는 이자를 받는 일이 없었던 것처럼 상거래도 없었다. 도시에서 멀리 떨어진 고풍스러운 마을에서는 오늘날에도 그런 것처럼, 사람들은 씨앗과 농기구를 무상으로 빌려주었다. 그리고 '형제들 사이에서는' 공급과 수요에 따라 결정되는 재화의 가격이 없었다. 규칙적인 경작이 이뤄지면서 독립적으로 마을이나 농장에 나란히 존재하게 된 농민들의 경제가 유목민 무리나 씨족의 거대한 가족경제를 대신했을 때도, 이러한 대조는 여전히 존재했다. 이러한 사정은 **도시**의 발생과 함께 변했다.

도시의 발생은 순전히 사업적인 상거래가 오랜 공동체 속에 퍼지는, 즉 오랜 공동체가 분해되는 첫걸음을 의미했다. 외국의 사치품이 거래되는 국제적인 시장 외에도 정기적인 도시 시장이 나타났다. 여기에서는 농촌의 식량 생산자와 도시의 공업품 생산자가 만나서 그들의 상품을 교환했다. 따라서 이러한 경제 방식은 물물교환을 **정**

기적인 요소로 인식했으며 또 그것을 필요로 했다. 그러나 개인은 언제나 자기가 만들어낸 재화 중 적은 부분만을 시장에 가지고 갔다. 수공업을 비롯한 도시의 중소기업 경영자는 대부분 농민(농경 시민Ackerbürger[1])이기도 했다. 농민은 자신의 생산물 중 대부분을 스스로 사용했으며, 남는 것만 시장에 가지고 갔다.

그러나 도시와 수 마일 이내의 그 주변 지역에 재화를 공급하기 위한 수공업 이외에, 또 하나의 요소가 즉시 도시에 나타났다. 그 지역 출신이 아닌 떠돌이 상인은 정착한 **토착 상인층**으로 대체되었으며, 또 이들에 의해 쫓겨났다. 토착 공업이 만들어내지 못하는 상품을 토착 상인층이 규칙적인 거래관계를 통해 외부에서 가지고 왔기 때문이다. 여기에서 직업적인 **수입무역**이 생겨났다. 다른 한편으로는 토착 생산물 중 남는 것을―수출업자로서―외부에 파는 거대한 공업 기업들이 생겨났다. 이를 위해서는 외부 시장에 대한 지식과 상당한 자금이 필요했다. 수공업자들에게는 이 둘 모두가 없었다. 자본가는 이들에게 '도매상'으로 이용되었다. 그는 수공업자들에게서 생산물을 받아 그것을 팔았고, 수공업자들은 자본가에게 의지하게 되었다. 또한 자본가는 원료를 아주 싸게 구할 줄 알았기 때문에, 수공업자들에게 원료도 공급했다. 따라서 수공업자들은 이제부터 그를 위해서만 일하도록 요구받았다. 수공업 장인은 이제 예속된 **가내공업자**가 되었다. 이것이 근대 공장으로의 첫걸음이었다.

이렇게 해서 근대적인 발전의 모든 맹아가 존재하게 되었다. 물

---

1 시市 경계 안에서 경작을 한 소도시 시민(옮긴이 주).

론 아직 맹아로만 존재했다. 왜냐하면 여전히 상업은 주로 아주 비싼 물품을 교환하는 데 그쳤기 때문이다. 오늘날의 교역에 특히 예를 들면 샴페인, 견직물 등 유산계급이 필요로 하는 종류의 물품이 포함되어 있음을 생각하면, 오늘날과 어떤 차이가 있는지 알 수 있다. 실제로 모든 큰 국가의 대외무역을 개괄적으로 보면, 다수를 이루는 품목은 곡물(영국은 외국에서 매년 10억 마르크 상당의 곡류가 공급되지 않는다면 빵을 만들지 못할 것이다), 석탄과 철(이탈리아는 자국의 자원으로는 난로용 석탄과 철제 도구를 갖지 못할 것이다), 면화(시장에 해외의 면사나 원면이 공급되지 않는다면, 현대의 유럽 노동자가 입는 옷은 만들어질 수 없다)와 같은 '대중 품목'이라는 사실을 알 수 있다. 그렇지만 목화를 수확한 농장에서는 그것을 직접 짜서 면사나 면포로 만들지는 않는다. 철광석을 채굴한 광산 소유자가 이 광석을 정련하지는 않는다. 소량의 석탄만 광산 자체가 사용할 뿐이다. 또한 곡물의 경우, 사람들이 추산하는 바에 따르면, 막대한 세계 전체의 생산량 중 절반 이상은 경작자 이외의 사람들이 먹어치운다. 그리고 5분의 1 이상은 국가들 간에 교환된다. 그런 재화들의 막대한 거래에 이용되는 것이 **거래소**이다.

거래소는 근대적인 **시장**이다. 그곳은 규칙적으로—큰 거래소에서는 매일—모여서 **매매**계약을 체결하는 장소이다. 거래소는 사람들이 보통 **시장**이라고 부르는 것과 어떤 점에서 다른가? 이와 아주 대조를 이루는 경우—지방 도시의 국지적인 소규모 식료품 시장—를 예로 들어 살펴보자. 이 시장에서는 농민이 보통 자신이 생산했으며 바로 현장에 있는 상품을 매수자, 즉 그 값을 즉시 지불하고 그 자신이 사용하려고 하는 매수자에게 판다. 반면에 거래소에서는 현존하지 않는 상품, 종종 생산 중인 상품, 심지어는 앞으로 생산될 상품에 대해 매수자와 매도자 사이에 거래가 체결된다. 매수자는 보통 그 상품을 자신이 보유하려고 하는 것이 아니라 (혹시 상품을 받고 값을 지불하기 전에라도) 이익을 보고 다시 다른 사람에게 넘겨주려고 하는 사람이다. 매도자는 보통 그 상품을 아직 갖고 있지 않으며, 대부분의 경우 자신이 직접 만들지 않고 이익을 얻기 위해서만 그것을 가져다주려고 하는 사람이다. 어느 날 거래소에서 거래되는 곡물은 꽤 많은 양이 여전히 북미의 창고에 쌓여 있거나 대양에서 배로 운송 중에 있다. 그 후 이 곡물은 매수자에게서 다시 제분소로, 그다음에는 이 제분소에서 빵집 주인에게 넘겨진다. 작은 시장에서는 생산자와 소비자만이, 또는 거의 이들만이 서로 거래를 한다. 거래소에서는 상인들만이, 또는 거의 이들만이 거래를 한다. 그러나 이러한 차이에도 불구하고 거래소와 시장은 그 목적이 같은 만큼 본질적으로는 똑같다. 왜냐하면 거래소와 시장은 '공급'과 '수요'가 한 상품에서 만나는 장소이기 때문이다. 다시 작은 시장에서 출발하자. 한쪽에는 농민들이 있다. 이들은 농작물을 팔아서(공급) 도시 수공업자의 물품을 사고 싶어 한다(수요). 다른 한쪽에는 식량을 사는(수요) 도시 소비자와 자신들의 제품을 팔고 싶어 하고 또 그래야만 하는(공급) 수공업자들이 있다. 이들이 내민 손이 서로 만날 수 있어야 하는데, 그러려면 시장이 있어야 한다. 거래소도 똑같은 목적을 지녔다. 다만 그 범위가 엄청나게 더 클 뿐이다.

거래소는 근대의 대중 수요 물품의 시장이다. 이 시장에서는 거대한 공급과—이에 따라서—마찬가지로 거대한 수요가 끊임없이 생겨난다. 거래소에서의 처리 방식이 시장과 다른 것도 이와 관련이 있다. 내가 집을 한 채 사고자 한다고 해서, 나는 아무 집이나 원하는 것이 아니다. 특정한—특색이 있는—집을 사고 싶은 것이다. 가치가 똑같더라도, 다른 집이 아니라 이 집을 양도받고 싶다. 먹고 싶은 생선을 살 때도 마찬가지이다. 나는 적어도 생선이 그 가격만큼의 가치가 있는지를 미리 살펴보고 싶다. 생선이 시장에 나와 있는 것은 이 때문이다. 이에 반해 한 곡물 상회가 자신들이 사용하려는 특정한 종류의 곡물 1,000젠트너[1젠트너는 50킬로그램]를 도매로 사고자 한다면, 그와 비슷한 일은 보통 가능하지도 않고 필요하지도 않다. 일반적으로 그 곡물 상회에 중요한 것은—제시된 견본에 따라서든 상거래에서 유통이 가능하도록 특정한 명칭이 주어진 질 좋은 것이든 간에—전에 합의한 특정한 종류와 품질의 곡물을 일정량 얻는 것뿐이다. 따라서 종류와 품질에 대해 약속하면, 매도자는 **먼저** 상품을 현장에 가지고 온 다음에 그것을 파는 것이 아니라 보통 그 반대로 한다. 즉 그는 **먼저** (사람들이 흔히 말하는 것처럼 '현물 없이') 판 다음에, 계약이행에 필요한 상품을 약정된 시간 내에 마련해주려고 한다. 그는 정해진 시간에 이 상품을 인도한다. 상품이 약속된 품질과 일치한다면, 매수자(또는 이 매수자가 그것을 다시 팔아 넘긴 사람)는 그 상품을 인수한다. 상품이 약속된 품질과 일치하지 않으면, 그는 그 상품이 계약과 일치하지 않는 ('인도할 수 없는') 것으로 여기고 그 상품을 거부한다. 거래소에서 거래되는 모든 물품의 경우 사정은 똑같다. 독일의 무역회사가 러시아에서 빚을 갚기 위해 얼마만큼의 러시아 지폐가 필요하다면, 집이나 특정한 경주마를 사려는 사람과는 달리 그 무역회사에게는 특정한 단위의 지폐인지는 중요하지 않다. 루블화라면—그것이 진짜라면— 모두 그 무역회사는 똑같이 사용할 수 있다. 즉 거래소 거래에서는 보통—소위—'대체할 수 있는' 물건이 중요하다. 말하자면 중요한 것은 특정한 개별 물건을 인도하는 것이 아니라 계약된 종류와 품질의 물건을 계약된 수량대로 인도하는 것이다.

우선 거래소에서 흔히 거래 대상이 되는 **상품**을 자세히 살펴보자. 상품은 보통 두 개의 큰 그룹으로 나뉜다. 하나는 '생산물', 즉 좁은 의미에서의 상품이다. 다른 하나는 화폐나 어음, '증권'과 '국채' 즉 곧 이야기할 여러 가지 종류의 유가증권이다. 이에 따라서 '상품거래소'와 '증권거래소'를 구분한다. 이 구분은 예를 들면 생선 시장, 고기 시장, 채소 시장을 구분할 때와 똑같은 의미를 가질 뿐이다. 상품거래소와 증권거래소는 같은 장소에 있을 수도 있고 공동으로 조직될 수도 있다. 베를린과 함부르크가 그 예이다. 또는 그 두 거래소가 서로 다른 장소에 있을 수도 있다. 파리와 런던이 그렇다. 크게 두 가지로 구분된 거래소는 다시 세분될 수 있다. 예를 들면 증권거래소는 런던처럼 어음거래소와 그 밖의 유가증권거래소로 나누어질 수 있고, 상품거래소는 곡물 시장, 설탕 시장, 철 시장, 식용유지 시장 등으로 나누어질 수 있다(미국에는 이런 특수 시장들이 아주 흔하다). 마지막으로, 모든 거래소에서 '상장된' 모든 또는 많은 상품이나 증권이 거래되는 것은 결코 아니다. 당연한 일이지만, 종종 해당 지역에서 생산되거나 해당 항구를 통해 수입(또는 수출)되는 것만 거래되거나 주로 그런 것이 거래된다. 해안 도시에 생선 시장이 있는 것처럼 말이다. 따라서 에센, 즉 서부 독일의 탄광 지대에는 석탄과 광산 지분만 거래하는 거래소가 있다. 그리고 사탕무를 재배하는 작센 지방 한가운데에 있는 마그데부르크에는 설탕 거래소가 있다. **모든** 주요 상품의 거래는 큰 중앙 거래소들로만 집중된다.

상품거래소에서는 우선 **곡물**과 각종 농산물이 거래된다. 이와 함께 곡물에서 직접 얻은 것, 특히 곡물 가루도 거래된다. 독일에서 베를린 거래소 바로 다음으로 가장 큰 곡물 가루 시장은 만하임이다. 해외 곡물이 라인강을 거슬러 만하임까지 배로 수송되기 때문이다. 그 외에 **설탕**의 경우 가장 큰 시장은 이미 언급한 것처럼 베를린과 함께 마그데부르크와 함부르크(수출항)이다. **주정**酒精의 경우는 베를린과 함부르크(수출항)가 시장을 양분하고 있다. **석유**의 경우는 브레멘(수입항)이 베를린과 함께 시장을 양분한다. **목화**도 마찬가지이다. **털실**, 특히 **소모사**梳毛絲의 경우 라이프치히(생산지)가 상당한 역할을 한다. **커피**의 경우는 함부르크(수입항)가 가장 큰 상업 중심지이다. **석탄**과 **철**은 서부 생산 지역의 시장들이 결정적으로 중요하다. 별로 중요하지 않은 그 밖의 품목들이 많이 있는데, 그것들까지 열거하면 우리는 너무 멀리 나가게 된다. **증권매매**의 경우, 거래는 당연히 거대 은행들이 있는 곳에 몰린다. 독일에서는 베를린 이외에 프랑크푸르트암마인과 함부르크만이 큰 의의를 가진다.

이제는 증권거래소에서 사고파는 대상들을 자세히 살펴보자.

1. 증권거래소에서는 화폐와 금전 가치가 있는 증권이 거래된다. 자국 기업가와 상인은 그것들을 외국에서 지불금으로 받거나, 외국

에 지불하기 위해 사용한다. 이에 속하는 것은 당연히 맨 먼저 외국의 주화와 지폐(특히 러시아 지폐)이다. 그러나 거래소에서 가장 오래된 거래 대상 중의 하나인 **어음**도 이에 속한다.

어음이란 무엇인가? 어음의 형식으로는 그것이 법적으로 무엇을 의미하는지를 알 수 없다. 어음의 가장 중요한 형식인 소위 '환어음' 또는 '발행된' 어음은, 예를 들면 베를린에 있는 상인 슐체가 런던의 상인 스미스에게 제삼자인 베를린에 있는 뮐러 또는 그의 '지정인' (즉 뮐러를 통해 어음이 적법하게 양도된 자)한테 특정한 금액을 특정한 날에 지불하라고 지시하는 명령으로 나타난다.[2] 어음은 법적으로 슐체는 스미스가 특정한 금액을 특정한 시간에 지불한다고 뮐러나 그의 '지정인'한테 **약속한다**는 것을 의미한다.

어음의 가장 중요한 실제적인 목적은—이 목적 때문에 어음은 이미 700여 년 전부터 사용되었다—다음과 같다. 베를린의 슐체는 수출업자이다. 그는 독일 상품을 런던으로 보내 영국의 수입업자 스미스에게 팔았기 때문에 이제는 그 대금(100파운드라고 하자)을 청구해야 한다. 베를린의 뮐러는 수입업자이다. 그는 런던에 있는 영국의 수출업자 존스로부터 영국 상품을 수입했다. 따라서 뮐러는 존스에게 대금(편의상 마찬가지로 100파운드라고 가정하자) 지불 의무가 있다. 독일과 영국의 상호 교역량은 액수로 연간 수억 마르크에 달하

---

2 예를 들면 다음과 같다. "런던의 스미스 씨에게. 이 어음을 받고 1895년 7월 1일 베를린의 뮐러 씨 또는 그의 지정인에게 영국화 100파운드를 지불해주십시오. 1895년 4월 1일, 베를린. 슐체."

고, 우리가 슐체, 스미스, 뮐러, 존스라고 부른 네 종류의 사람은 각각 수천 명이 있다. 만일 대금이 모두 현금으로 지불된다면, 막대한 액수의 돈—수천 젠트너의 금—이 오갈 것임에 틀림없다. 그러면 엄청나게 많은 비용이 들 것이며, 돈은 해상 사고의 위험에 노출될 것이다. 또한 운송 중에는 그 돈을 사용할 수 없을 것이다. 따라서 다음과 같이 처리한다. 런던의 스미스로부터 돈을 받아야 하는 베를린의 슐체는 스미스 '앞'으로 100파운드의 어음을 '발행한다'. 즉 슐체는 스미스에게 뮐러나 그의 '지정인'한테 지불할 것을 지시한다. 스미스는 런던의 존스한테 돈을 지불해야 하는 베를린의 뮐러에게 이 어음을 준다. 슐체는 이렇게 해서 뮐러한테 스미스가 그[뮐러]에게 또는 그[뮐러]의 지정인에게 돈을 지불할 것을 보증한다고 약속한다. 뮐러는 이 어음을 받고 100파운드[3]를 슐체에게 지불한 다음 그 어음을 런던에 있는 자신의 채권자 존스에게 보낸다. 뮐러가 이 어음에 자신의 '지정인'으로 존스를 기재했기 때문이다. 어음에 이렇게 지정인을 기재하는 것을 '이서' 또는 '배서'라고 부른다. 런던의 존스는 런던의 스미스에게서 어음 금액을 수령하고 이 지불을 통해 돈을 얻는다. 슐체는 뮐러로부터 그에게 어음을 넘겨준 것에 대한 대금으로 자신의 몫을 받는다. 이로써 거래관계가 '청산된다'.[4]

---

3 관습이 되고 있는 공제('할인')와 어음의 시세 동요에 대해서는 제2부에서 말할 것이다.
4 스미스가 어떤 이유에서든 존스에게 어음을 지불하지 않는 경우가 아니라면 말이다. 그러한 경우 존스는 뮐러에게, 뮐러는 슐체에게 '상환 청구권'을 행사한다. 그러면 슐체는 어음 금액, 이자 및 그 밖의 비용을 뮐러에게 지불하지 않을 수 없으며, 자신은 이유 없이 지불하지 않는 채무자 스미스에게 매달린다. 이렇게 거래를 어음으로 청산하

우리의 예에서 말하면, 모든 슐체(영국 채무자[스미스]의 채권자, 따라서 런던 '앞' 어음의 매도자)와 모든 뮐러(영국 채권자[존스]의 채무자, 따라서 런던 '앞' 어음의 매수자)가 이제는 언제든지 '런던 앞'의 거액이 매매될 수 있는 큰 시장, 즉 **어음거래소**에서 만난다. 그들은 그곳에서만 확실하게 서로 만날 수 있다. 우리와 화물을 교역하는 그 밖의 나라들과의 거래도 마찬가지로 이루어진다. 런던, 파리, 페테르부르크, 뉴욕 등에서 어음거래가 끊임없이, 그것도 엄청난 금액으로 이뤄진다. 이제 이 거래는 불가결하다. 독일에서는 약 30억 마르크가 주화와 지폐로 유통되는 데 비해, 130억 마르크 이상이 매년 어음으로 유통되고 있다.

2. 증권거래소에서 거래하는 두 번째로 오래된 대상은 좁은 의미에서의 '증권', 즉 국채와 지방자치단체나 그 밖의 공공단체가 발행한 채권(이것은 국채와 비슷하다)이다.

국가와 지방자치단체가 오늘날 거의 예외 없이 빚을 지고 있다는 사실은 잘 알려져 있다. 제국과 독일의 주들은 모두 합쳐 약 85억 마르크, 영국은 식민지를 제외하면 150억 마르크, 프랑스는 200억 마르크를 국채로서 각각 빚지고 있다. 그리고 국가 빚의 채권자에게는 **이자가 지불**되어야 한다.

국가가 빚을 지는 것은 오늘날 결코 그 자체로 불행이 아니다. 그것은 행정이 잘못되었거나 부富가 부족하다는 신호도 아니다. 한 국가가―말하자면―5000만 마르크로 거대한 철도를 사들이거나 부

―――――――――

려는 시도가 실패하는 경우는 당연히 드물다.

설한다고 해보자. 그 국가가 세금으로 이 금액을 조달한다면(예를 들면 독일에서는 평균적으로 1인당 1마르크가 될 것이다), 이는 정당하지도 합리적이지도 않다. 철도는 현세대만 이용하고 도움받는 것이 아니며, 현재의 재무부 장관만이 이 철도에서 수입을 얻는 것이 아니다. 따라서 후손도 그에 대한 세금을 내게 하는 것이 옳다. 우리가 자금을 빌리고 이자를 지불하며 오랜 시간에 걸쳐 서서히 세금으로 채무를 갚는 방식으로 말이다. 철도를 위한 세금 부담은 이렇게 해서 현재와 미래에 분할된다. 이러한 방식을 취하지 않고 프로이센이 예를 들어 철도 매입을 위해 10년 동안 50억 마르크를 지출한다면, 매년 5억 마르크의 특별세를 징수하지 않으면 안 된다. 이것은 어리석은 시도로, 실현될 수 없을 것이다.

이것과는 다르지만, 국가가 끊임없이 반복되는 수요를 위해 (예를 들면 공무원과 군인의 급료 지불을 위해) 계속해서 자금을 차용한다면, 이는 좋지 않은 재정 운영이다. 이 경우 현세대는 자신들이 떠맡아야 할 부담을 후손에게 넘기게 된다. 국가는 적자로 운영되기 때문에, 후손이 그 부족액을 메꿔야 한다. 국가는 — 행정구區나 지방자치단체 등도 이와 비슷한 방식을 사용한다 — 그런 국가 수요를 충족시키기 위해 채권을 팔아 자금을 차입한다. 채권이란 채권 소유자로서 해당 시간에 나타나 그것을 제시하는 모든 사람에게 특정한 지불일(예를 들면 1월 1일이나 7월 1일)에 특정한 이자(채무액의 3퍼센트, 3.5퍼센트, 4퍼센트 등)의 지불을 약속하는 것이다.[5] 따라서 — 구입

---

5 대부분의 경우에는 단순화하기 위해, 소위 쿠폰 즉 지불 기일마다 한 장씩 떼어서 주

등을 통해서—적법하게 채권을 취득한 자는 국가에 대해 채권자가 된다. 채무자(국가, 지방자치단체 등)는 매년 일정한 번호의 채권을 추첨해서 돈을 되돌려주는('상환하는') 식으로 특정한 계획에 따라 빚을 갚는다고 약속하거나, 채권 회수를 통지할 **권리**만 남겨 놓고 이에 해당하는 의무는 떠맡지 **않는다**. 우리 제국이나 프로이센의 공채(소위 '정리공채Konsols'[6])의 경우가 그렇다.

국가(때로는 지방자치단체 등)가 이렇게 할 수 있는 이유는 채권 소유자들의 관심이 자신들의 돈을 되돌려받는 데 있지 않기 때문이다. 그들은 오히려 **이자**를 받고 싶어 한다. 그들은 이런 식으로 '자신들의 재산을 투자하는' 유산계급의 구성원이다. 다시 말하면 이이자를 부담하는 자들, 따라서 여기에서는 국가나 지방자치단체의 채무 이자를 세금으로 조달하는 국가나 지방자치단체의 납세자들로부터 세금 징수권을 확보한 유산계급의 구성원이다. 철도 회사나 공장 기업가가 발행하는 '채권'의 경우도 마찬가지이다. 예를 들면 크루프Krupp[7]는 최근 경쟁 공장을 사들이기 위해 2400만 마르크의 채권을 발행했다. 철도 회사와 주식회사는 채권을 대량으로 발행하고 있다. 여기에서는 이자가 화물의 경우에는 철도 이용자들로부터 조달되고, 상품 가격의 경우에는 상품 구매자들로부터 조달된다. 마지막으로, 기업소득의 일부는 기업가에게 이윤으로, 그리고 노동

고 이자를 받는 이자표도 함께 발행한다. 따라서 채무증서 자체를 제시할 필요가 없다.
6 이미 발행한 여러 공채를 정리하기 위해 발행하는 공채(옮긴이 주).
7 독일의 철강 무기 제조업 재벌(옮긴이 주).

자에게 임금으로 흘러 들어가지 않고 바로 과세 권한이 있는 자들에게 흘러 들어간다. 기업가와 노동자 모두가 '과세되어' **자본**의 이자를 지불하는 것이다.

이 근대적인 세금 납부 의무는 오랜 발전의 산물이다. 예전에는 이자가 부자유의 표시였다. '형제간에는' 이자를 받고 빌려주지 않았다. 그러나 외부 정복자는 사람에 대해서는 인두세로, 토지에 대해서는 토지세로 이자를 받았다. 또 토지 소유자는 토지가 없는 사람으로부터(즉 토지 소유자에게서 토지를 빌렸기 때문에 완전히 자유롭지 못한 사람으로부터) 이자를 받았다. 토지 소유는 이자를 받을 권리의 가장 오래된 원천이다. 오늘날에도 여전히 그렇다. 특히 도시에서는 집세가 그것을 증명한다. 그러나 현재는 토지 소유자보다 다른 조세 징수자가 힘이 더 세다. 그의 특징은 '비인격적'[개인적인 감정을 개입시키지 않는]이라는 것이다. 소작농은 지주에게 세금을 냈다. 지주는 소작농을 인격적으로 지배했으며, 소작농은 지주를 잘 알고 있었다. 오늘날 이부利附증권의 소유자는 그를 위해 누구의 수입에 과세되는지를 모른다. 지주는 자신의 토지를 저당 잡히는 대가로 부동산 은행에서 돈을 빌리지만, 자신이 사용하는 돈을 이 은행에 맡기는 대가로 누가 '저당증권Pfandbroefe',[8] 즉 이부증권을 받았는지는 알지 못한다. 은행에 이자를 지불할 의무가 있는 저당 잡힌 토지는

---

8 저당권 및 저당권에 의해 담보되는 채권을 나타내는 유가증권. 예를 들면, 개인이 주택 구입 자금을 조달하려는 경우, 구입 예정 주택을 담보로 자금의 차용을 목적으로 발행하는 증권이다(옮긴이 주).

모두 결국 이 저당증권에 대해서 저당 잡혀 있는 셈이다.

이자를 받을 권리가 있는 자와 이자를 지불할 의무가 있는 자 간의 관계의 **비인격성**은 오늘날 이 세금 납부 의무의 특징이다. 따라서 사람들은 이제 자본가의 지배가 아니라 '자본'의 지배를 말한다. 이자를 받을 권리와 연결되어 있는 이 증권의 소유자는 도대체 누구인가? 이것은 각각의 국민 내부의 사회구조와 재산 분배에 달려 있다. 그러나 그들이 **꼭** 소수의 '쿠폰으로 먹고사는 게으름뱅이' 계층이라고 생각하지 않도록 조심해야 한다. 예를 들면 프랑스에서는 국채나 그 밖의 비슷한 증권의 소유가, 우리 독일이라면 그런 증권을 결코 구경조차 못했을 서민층에까지 퍼져 있다. 그 이유의 일부는 부유한 농민층이 우리 나라보다 훨씬 폭넓게 존재한다는 사실에 있지만, 프랑스인들에게는 통상적인 자녀 수 제한('두 자녀 원칙')에도 그 이유가 있다는 것을 부인할 수는 없다. 이 자녀 수 제한은 유산 분배로 재산이 분산되는 것을 막지만, 다른 한편으로는 의심할 바 없이 중대한 도덕적 손해의 위험을 가지고 있다.[9]

독일에는 약 1100만 가정에 5000만 명이 있는데, 그중 약 1000만 명은 예금통장을 갖고 있고, 250만 명에서 400만 명은 어떤 형태로든 자본이자를 받고 있다. 그중에서 150만 명에서 200만 명은 유

---

9 영국에서도 노동자들이 이부증권을 소유하는 경우가 드물지 않다. 영국에는 트레이드 유니온이라는 큰 노동조합이 있는데, 이 노동조합은 영국 산업의 유리한 생산 조건 및ー특히ー이 나라의 세계적인 해양 강국으로서의 위상과 관련이 있다. 그리고 이 노동조합은 일부의 노동자들에게는 경우에 따라 재산 축적을 가능케 하는 임금을 보장해준다.

가증권 이자나 '배당금'의 형태로 자본이자를 받는다고 추정된다. 이렇게 해서 우리는 '자본'에 바치는 공물[세금]의 두 번째 주요 형태, 즉 '배당금'을 이미 언급했다. 우리는 이것 또한 좀 더 자세히 고찰해야 한다. **주식**이나 이와 비슷한 것(소위 '광산주'라고 하는 광산 지분, 소위 '선박주'라고 하는 선박 지분 등)은 말하자면 지금까지 고찰한 '채권'과는 다른 성격을 갖고 있다. 채권은 **채권자**의 권리를 나타내기 때문이다. 그러나 이것은 사업(철도, 공장 등)에의 **지분**권을 의미한다. 그 역사적 기원은 이렇다. 즉 예를 들면 광산을 공동으로 소유한 '광산 주주들'은 공동 작업을 통해 광석을 직접 채굴했으며, 배를 소유한 선주들은 모두 또는 이들 중 일부가 항해에 개인적으로 참여했다. 나중에 큰 배의 소유나 광산의 계획적인 경영이 상당한 자금의 조달을 요구하면서, 재산을 지닌 자들은 노동하는 자들(지금은 고용된 임금노동자들)로부터 점차 분리되었다. 오늘날에는 지분권이 있는 광산 주주들만 경영 문제를 결정한다. 그들 각각은 노동임금과 광산 경영에 필요한 그 밖의 경비를 제외하고 수입에 속하는 것을 '수익'으로서 광산 주식의 지분에 따라 나누어 갖는다. 그리고 수입이 지출을 메우지 못할 때는 각자가 지분에 따라서 '지원금'을 내놓거나 다른 사람을 위해 자신의 지분을 포기해야 한다.[10]

자본가들이 결합하는 한 형식인 **주식회사**의 경우는 사정이 약간

---

10 따라서—양도할 수 있는—광산주의 소유는 그 소유자의 돈주머니에는 위험한 일이다. 이는 야간 노동이 노동자의 생명에 위험한 것과 유사하다. 큰 수익과 추가 지불의 의무가 번갈아 이어지기 때문이다.

다르다. 이 형식은 독일에서 처음에는 철도 건설과 철도 경영을 위해 대규모로 이용되었지만, 그 후에는 모든 종류의 기업에 사용되고 있다. 사업 참여자, 즉 '주주'는 자신의 지분에 따라서 보통 현금으로 **일정액**을 출자할 뿐이다. 따라서 주주는 손실이 났을 때, 광산 주주처럼 추가 출자 의무를 지지 않는다. 회사의 (보통 주주 '총회'에 의해서 선출되는) 이사진은 이 출자 총액을 사용해, 예를 들면 철도를 건설하거나 공장 등을 매입한다. 그다음에 이사진은 주주들을 위해 철도나 공장을 경영한다. 그렇지만 새로 '세운' 회사의 동업자들 중에는 자신이 지금까지 경영해온 공장을 이 회사에 맡기는 자도 있다. 그는 약정된 금액에 따라 공장을 '출자금'으로 내놓고 그 대신에 협정에 따른 일정한 수의 지분, 말하자면 주식을 얻는다. 이에 반해 다른 동업자들은 지분에 따라 자금을 납입한다. 더 많은 자금을 필요로 하지만 새로운 주주를 더 많이 끌어들이고 싶지 않다면―'신주'를 발행하고 싶지 않다면―회사는 빚을 진다. 회사는 특히 이자가 붙는 '채권'―채무증서―을 발행해 그렇게 할 수 있다.

사정을 잘 알지 못하는 사람들은 주식을 채권과 혼동하기 쉽다. '주식'은 말하자면 겉으로는 채무증서와 비슷하다. 왜냐하면 이 둘 모두에는 일정한 금액, 예를 들면 1,000마르크라고 쓰여 있기 때문이다. 그렇지만 이것은―채권의 경우처럼―주주가 채권자로서 그 누군가에게 1,000마르크를 **요구**할 수 있다는 것을 의미하지 **않는다**. 오히려 그것은 주주가 현금으로든 그 밖의 '출자금'으로든 그만큼을 회사에 내놓았다는 것을 의미할 뿐이다. 다시 말하면 주주가 1,000마르크를 현금으로 납입했거나, 예를 들어 그가 출자한 공장이 그에게서는 1,000마르크로 평가되었다는 것을 의미할 뿐이다. 그가 **요구할** 수 있는 것은—회사가 존속하는 한—회사의 이익에 대한 그의 지분, 즉 '배당금'뿐이다. 물론 회사가 이익을 냈을 때만(즉 지난 회기의 결산표—'대차대조표'—를 작성한 후 회사의 자산이 늘어났을 때만), 주주는 이 배당금을 요구할 수 있다. 게다가 그는 회사의 자산에 대해서 비례적인 지분을 갖고 있다. 따라서 그는 회사가 해산—'청산'—될 때 이 지분을 받는다. 이 지분은 1,000마르크보다 많을 수도 있고 1,000마르크보다 적을 수도 있으며, 전혀 없을 수도 있다. 이는 회사가 그때까지 이익을 냈는지 손실을 보았는지, 또는 회사가 부채를 갚은 다음 아무것도 남지 않았거나 이보다도 더 적게—미지불 부채만—남았는지에 따른다. 왜냐하면 사업가가 사업을 그만두었을 때 채권자들에게 부채를 갚은 다음 자기에게 남은 것만을 재산으로 여기는 것처럼, 주식회사도 자기 자신을 위해 뭔가를 갖기 전에 먼저 채권자들을 만족시켜야 하기 때문이다. 따라서 주식회사의 채무증서는 '우선채권'—우선하는 권리—이라고도 불린다. 채권자의 권리가 (당연히) 먼저이고 그다음이 주주의 권리이기 때문이다.

채권자에게 무언가를 남겨주기 위해, 법은 주식회사가 주주들에게 명목상의 이익을 분배해 회사의 자산을 '기초 자본'(즉 주주들의 납입금이나 출자금에 의해 도달된 가치)의 금액 이하로 떨어뜨리는 것을 금지하고 있다. 1주에 1,000마르크인 주식이 100주 발행되었다는 것은 현금이나 그 밖의 '출자금'으로 1주당 적어도 1,000마르크, 즉 최소한 총 10만 마르크가 모였음을 의미한다. 따라서 '대차대조표'에서는, 즉 예를 들어 공장 부지와 기계류, 재고품, 채권, 현금 등 회사의 재산을 모두 돈으로 환산해 합산하고('대변貸邊') 그 다음에 부채('차변借邊')를 빼면, 차변에 대한 대변의 초과액이 적어도 10만 마르크는 되어야 한다. 그렇지 않으면 회사는 손실을 입은 것이다. 자산이 10만 마르크 이상일 때만, 이 잉여를 '배당금'으로 분배할 수 있다. 이익이 나지 않았음에도 불구하고 부당하게 배당금을 분배하기 위해, 대차대조표에서 자산 대상의 가치를 거짓으로 (너무 높게) 평가하는 것은 이 규정을 위반하는 행위이다. 그렇게 하면 '기초 자본'이 보증되고 있다는 거짓된 겉모습이 생겨나고 주식의 가치가 높아 보여 매입자들이 비싸게 사들일 것이기 때문이다.[11] 20년 전 '창업시대Gründerzeit'[12]만 하더라도 이러한 일이 종종 일어났다. '창업자들', 즉 최초의 주주들은 부실한 은행들이었다. 이들은 자신들의 주식을 아주 빨리 일반인들에게 가능한 한 그 진짜 가치 이상으로 팔고 싶어 했다. 이들은 주식회사가 인수한 공장 등을 소유주와 공모해서 너무 비싼 값에 매입해왔기 때문이다.

여기에서도 이 모든 과정은 자본의 **'비인격적인'** 성격에 의해 쉽게 행해진다. 개인주주는 회사 경영에 끼어들 필요가 없다. 그는—

---

11 따라서 적어도 주주들이라면 보통 정확한 대차대조표에 상당한 관심을 가질 것이라고 생각하는 것도 잘못이다. 그들 중의 일부(주식을 지속적으로 '자본 투자'로 보유하려고 하는 자들)만이 그러한 관심을 갖는다. 잘못된 고액 배당은 주주들에게 이중의 이익을 가져다준다. 우선 그들은 자신들이 가져야 하는 몫보다 더 많은 이익을 얻는다. 그다음에는 배당이 높기 때문에 주식을 그들에게서 비싸게 인수하는 매수자들이 나타난다.
12 1871년 이후 독일의 경제 호황기(옮긴이 주).

광산이나 공장이 주식회사로 경영된다면—노동자들과 관계가 없다. 그가 노동자들을 모르는 것처럼 노동자들도 그를 알지 못한다. 그는 장부를 받아도 보지 않는다. 그는 주주총회에서 이사진의 보고를 받을 뿐이다. 대부분의 경우 다수의 주주는 안심하고, 그곳에 한 번도 나타나지 않는다. 지분은 (보통) 간단한 (주식)양도를 통해 넘겨줄 수 있기 때문에, 소유주가 자주 바뀐다. 주주들 역시 서로를 모른다. 그렇지만 그들은 같은 기업의 공동소유자이다. 경우에 따라서는 수천 명이나 되는 노동자가 자주 바뀌는 주주들을 위해 일한다. 주주들은 평생 이 노동자들을 만날 일이 없다. 주주들이 진짜 기업가이고, 회사를 이끄는 '사장'은 이들의 대표자에 불과하다. 그렇지만 그들은 노동자들의 사정에 대해 결코 사장만큼의 영향력이 없다. 어쨌든 그들은 일반적으로 노동자들에게 책임감을 느끼지 않는다. 그렇다고 해서 그들이 특별히 양심 없는 인간인 것은 결코 아니다.

여하튼 이러한 형태의 기업이 크게 늘어나고 있다. 막대한 자금을 필요로 하는 **대**기업에는 그런 형태가 필요하며, 보통 **오늘날**에는 결코 없어서는 안 된다. 왜냐하면 크루프나 슈툼Stumm[13]처럼 자금이 한 사람의 손에 집중되는 경우는 드물기 때문이다. 그런 규모의 기업의 경우 오히려 자금은 한결같이 매우 많은 사람들의 출자로 조달되지 않으면 안 된다. 이들은 결코 기업경영에 개인적으로 협력할 수 있는 처지에 있지 않다. 또한 이들은 경영에 대해서도 아는 것이

---

13 독일 광업 및 제철 회사(옮긴이 주).

없을 것이다. 이들은 단지 공물을 배당금 형태로 받는 데에만 관심이 있다. 여기에서도 또다시 주식 소유자를 **반드시** 주로 '대자본가' 계층에서 찾아야 한다고 생각하지 않도록 주의해야 한다. 영국에서는 노동자들도 주식을 소유하고 있다. 우리 나라의 경우는 부의 사정이 훨씬 더 빈약하기 때문에, 잃을 것이 많지 않은 사람들의 수중에 너무 많은 주식이 들어갈 위험이 있다. 그렇지만 그들은 때때로 (어디선가 읽거나 들은) 높은 배당금이나 그 밖의 광고물에 유혹되는 사람들이다. 그리고 다음과 같이 생각하는 사람들이다. 즉 주식에는 예를 들면 '1,000마르크'라고 기재되어 있기 때문에 누군가가 이 1,000마르크를 언젠가 어디에서든 돌려받을 것이라고 말이다.

이상과 같은 것들이 '증권거래소'에서 거래 대상을 이루는 특별한 상품들의 주요 형태이다. 보다시피 그것은 **공물 취득권**을 문서로 보증한 것이다. 근대적인 경제조직은 그러한 거래 대상의 수를 점점 늘려서 '유통시킨다'. 예를 들면 발전소 엔지니어는 그의 노동으로 배당금이라는 공물의 조달에 도움을 주는데, 어쩌면 제지 공장 지배인이 주주로서 이 공물에 지분을 갖고 있을지도 모른다. 엔지니어 자신도 아마 이 제지 공장의 주식을 소유하고 있을 것이다. 따라서 반대로 제지 공장 지배인도 노동을 통해 엔지니어에게 공물을 제공할 의무가 있다. 그리고 이 둘 모두가 혹시 국채를 소유하고 있다면, 이들은 이렇게 해서―그러한 공물을 받지 못하는 사람들, 즉 '무산자들'을 포함해―납세자 전체에게 과세하게 된다.

모든 사람이 재산을 똑같이 또는 비슷하게 가졌다고 가정한다면, 오늘날의 경제질서에서는 그러한 상호적인 공물 납부 의무가 생겨날 것이다. 그때에는 모든 사람이 모든 사람에게 세금을 낼 것이다. 그렇지만 지금은 모든 사람이 일부의 사람들, 즉 유산자들에게 세금을 낸다. 상호적인 공물 납부 의무 **자체**가 반드시 소수의 공물 취득권자와 다수의 공물 납부 의무자가 서로 대립한다는 것을 의미하지는 않는다. 이자와 배당금의 존재 자체는 오히려 근대 '유통경제'의 또 하나의 결과에 불과하다. 근대 '유통경제'는 각자가 끊임없이 다른 사람의 노동 성과에 의해서 존재하고 그 자신은 다른 사람의 욕구를 위해 일한다는 특성에 기초하기 때문이다.

카롤링거Karolinger 시대¹⁴의 대大영주는 예외 없이 그의 영지에서 예속된 수공업자들로 하여금 그가 필요로 하는 모든 것(방적물, 직물, 철물 등)을 만들게 했다. 그와 그의 이 신민들은 여전히 다음과 같이 말할 권리가 있었다. "우리, 즉 영지 안의 주민은 우리 땅에서 나온 **우리** 노동의 성과로만 산다. 그리고 영지 밖에 있는 사람은 누구도 그것을 사용하며 살지 못한다." 일꾼들을 거느린 근대의 기사 영지 소유자는—가장 큰 영지 소유자라도—더 이상 똑같이 주장할 수 없다. 가축우리와 집은 외부 사람들이 다른 곳의 재료로 지은 것이고, 농기구는 구입한 것이다. 경작지조차도 더 이상 자연히 형성된 땅이 아니다. 외부에서 들여온 인공 비료, 칼리[칼리염류], 인산염 등으로 비옥해진 땅, 즉 외부 사람의 노동의 산물이다. 이 외부 사람의 노동은 보상받아야 하며 또 실제로 보상받는다.

---

14 751년부터 987년까지, 카롤링거왕조가 프랑크왕국(현재의 프랑스, 벨기에, 네덜란드, 스위스, 서부 독일, 이탈리아 중북부 지역)을 통치한 시대(옮긴이 주).

현재의 조직하에서는 '자본 수익' 형태, 즉 자금을 빌려준 저당권자가 받는 이자 형태로 보상받는다. 이것은 예를 들면 저축은행에서 종종 볼 수 있다. 저축은행은 서민들의 돈을 운용하는데, 토지를 담보로 삼아 이 돈을 빌려준다. 그리고 그 서민들에게는 이자를 지불한다. 따라서 지주가 프롤레타리아에게 이자를 지불하는 셈이다. 물론 대부분의 경우 지주가 도시 주민들에게 이자를 지불한다. 지주는 땅에서 많은 곡식을 수확하지만, 더 이상 자기 마음대로 하지 못한다. 그는 외부 세계의 경제 공동체에 얽매여 있거나 얽혀 있다. 공장주는 훨씬 더 그렇다. 공장주는 '자신의' 노동자들에게 다른 사람들이 획득한 원료를 가공하게 한다(이 원료를 구입하는 데 필요한 대금의 적어도 일부는 종종 다른 사람에게서 빌린다). 이때 공장주는 다른 사람들이 제품을 필요로 하기 때문에 자기에게 꽤 비싼 값을 지불할 것이라고 기대한다. '이 제품은 **내** 제품이고, 이 이윤은 **내** 이윤이며, 이 공장은 **내** 공장이다. 나는 자유로운 인간이기 때문에 진실로 누구도—국가도—나에게 간섭해서는 안 된다'고 그가 생각하더라도 이는 결코 지나친 것이 아니다. 사실 그가 필요로 하는 것은 **공동체**의 노동이다. '그의' 제품에 들어 있는 가치 중에서 그가 '만들어낸' 것은 아주 작은 부분에 불과하다. 한편 그가 시장에 가지고 간 상품에 대한 수요는 공동체가 부르는 값으로 나타난다. 이 값은 그에게 노동의 지위를 지정해주며, 그는 이것을 받아들인다. 뭔가를 '얻고자' 한다면, 그는 이 값에 따라야 한다.

사회주의 조직이라면 모든 개인을 각각 하나의 실에 묶어서 이 실들을 중앙 지도부의 수중에 집중시킬 것이다. 그러면 중앙 지도

부는 각 개인을 그의 지식수준에 따라 가장 적절하게 이용할 수 있다고 생각되는 곳으로 보낼 것이다. 오늘날의 조직은 모든 사람을 무수한 실로 대단히 많은 다른 사람과 연결시킨다. 각자 자신이 바라는 곳이나 자기 자리라고 생각하는 곳에 도달하기 위해 실그물을 잡아당긴다. 그러나 그가 거인이라 하더라도, 또 많은 실이 그의 손에 쥐어져 있다 하더라도, 그는 오히려 바로 그를 위한 자리가 있는 곳으로 다른 사람들에 의해 끌려가게 된다.

다시 우리의 주제로 돌아가자.

국가, 지방자치단체, 지주, 제조회사, 철도 회사는 이자나 배당금을 주는 증권을 팔아 자금을 '차용하고' 싶은 새로운 욕구를 끊임없이 느낀다. 다른 한편으로는 자신들의 돈을 그러한 증권에 '투자할' 수 있는 수많은 사람이 계속 나타난다. 국민 재산의 증가분은 이러한 공물 취득 권리증으로 표현되어 유통된다. 독일의 국민 재산, 즉 독일에서 어떤 수익을 가져다주는 재화의 총계는—돈으로 환산하면—약 1800억 마르크이며, 지금까지 존재하는 계산법으로 추측하면 아마도 그중 7분의 3이 이자나 배당금을 주는 권리증, 즉 저당권, 주식 및 모든 종류의 채권으로 있을 것이다. 이로써 매년 약 10억 마르크를 새로 저축해 '투자할' 수 있다. 이 엄청난 액수의 절반 이상이 모두 앞에서 말한 유가증권 형태를 취하는 만큼, 증권거래소는—식료품이 식료품 시장에서 매매되는 것처럼—그러한 유가증권이 매매되는 시장이다. 보다시피 이 시장은 없어서는 안 되는 동시에 엄청나게 크다.

이러한 시장(상품거래소, 어음거래소, 증권거래소)은—우선 외적으로—어떻게 조직되어 있는가? 15세기에 네덜란드에 있었던 가장 오래된 거래소는 그곳으로 여행 와서 상품을 판 상인들의 국제적인 모임에 불과했다. 그런데 상인들에게는 점차 여행이 시간 낭비로 보였다. 오늘날에도 그런 것처럼, 사람들은 매매 주문을 서신으로 거래소 소재지로 보냈다. 따라서 이러한 주문의 처리를 직업으로 삼는 상인 계급이 형성되었다. 동시에 이들은 자신들의 책임하에 거래소에서 거래를 했다. 이렇게 해서 **직업적인 거래소 거래인**이라는 신분 집단이 생겨났다.

이들은 거래서에서의 거래 업무를 실제로 장악하고 있다. 단지 그들만이 '시장'을 **안다**는 이유로 말이다. 그들만이 매년 똑같이 매일 시장을 상대하므로, 어느 상품과 어느 증권를 사람들이 특별히 원하는지 또는 싸게 살 수 있는지를 알기 때문이며, 아니면 적어도 그것을 예상할 수는 있기 때문이다. 그들이 독점적인 지위를 가졌다면, 이는 법이 그들에게 특권을 부여해서가 아니다. 다른 모든 사람은—직접 거래소에 가서 거래에 참여하더라도(예를 들면 파리와 함부르크에서는 누구라도 예외 없이 거래소에 입장할 수 있다)—업무에 관여해 이익을 얻기가 힘들거나 거래 체결 방식에 대해서도 순전히 피상적으로만 정보를 수집할 수 있을 뿐이다. 그는 어쩌면 자신이 '신으로부터 버림받았다'고 느낄 것이다. 이 거대한 시장은 당연히 보통의 정기시장보다 훨씬 크고 복잡하기 때문이다. 오히려 일반적으로 **직업적인** 거래소 거래인이 아닌 자가 거래소에서 매매하고 싶으면, 거래소 거래인에게 의뢰하면 이 거래인이 **중매인**Kommisionär이 되어 그의 책임하에 거래를 체결해줄 것이다. 거래소 거래인은 이에 대해서 이런저런 형태로 보수를 받는다(그 방법은 제2부에서 논의할 것이다).

가장 오래된 거래소는 공개된 장소에서 이루어지는 모임이었는데, 때로는 울타리가 둘러쳐지기도 했다. 나중에는 대부분의 경우, 그리고 지금은 언제나 이 모임은 폐쇄된 큰 홀에서 이루어진다. 오래전부터 자연스럽게 시장의 치안을 담당하는 기관이 필요했고, 지금도 그렇지만 어디에서나 질서를 유지하기 위해 요원들이 고용되었다. 그러나 그 외에도 오래된 시장 조직이나 거래소 조직에는 또 하나의 구성 요소가 있었다(대부분의 거래소에는—독일 거래소도 그중 하나인데—아직도 이 요소가 있다). 이것은 거래 체결을 가능한 한 촉진시킨다는 특수한 목적을 지닌 **중개인**Makler이다.

중개인과 중매인의 차이는—이것이 어떻게 변했는지는 나중에 (제2부에서) 논할 것이다—다음과 같다. 중매인은 수탁자로서 거래를 그 자신이 체결하고 위탁자[주문자]와 계산한다. 이어서 중매인은 구입한 상품을 대금과 '수수료'를 받고—예를 들면 거래금액의 1퍼센트나 0.5퍼센트 또는 0.125퍼센트를 받고—위탁자에게 넘겨준다. 거래소 **밖에** 있는 사람들은 이 중매인의 중개를 통해 거래소에서 행해지는 거래에 참여한다. 이에 반해 중개인은 중매인, 그것도 (보통의 경우에는) 거래소 자체에서 **거래에 참여하는 자들 간의** 중개자에 불과하다. 중개인은 거래소 거래인으로부터—이 거래인이 자신을 위해 거래하든, 거래인이 중매인으로서 거래소 밖에 있는 사람을 위해 거래하든 간에—주문을 받는다. 예를 들면 특정한 회사의 주식 100주나 100젠트너의 밀을 인수하고 그 대가로 적어도 X 마르크를 지불할 사람을 소개해달라는 주문을 받는다. 중개인의 일은 그런 사람을 찾는 것이다. 그런 사람을 찾았다면, 중개인은 그에게 판매 제안('오퍼')을 한다. 그리고 중개인은 그 제안이 받아들여졌다는 이야기를 듣는다. 이렇게 해서 이루어진 거래를 우선 장부에 기재한 다음, 그는 각 당사자에게 똑같은 내용의 증서, 소위 '매매 계약서'를 내준다.[15] 그러고 나면 그는 그의 수고에 대한 보수로 통상적인 '중개료'—예를 들면 거래금액의 1퍼센트나 0.5퍼센트—를 받는다(이 중개료는 거래 당사자 양쪽이 보통 반씩 분담한다).

따라서 중개인은—그의 지위의 기초가 되는 사상에 따르면— 공급과 수요에서 내민 손들이 악수할 수 있도록 연결시키는 도구이다. 그가 없으면 안 되는 이유는 다음과 같은 사실에 기인한다. 만일 그가 없다면, 거래소 방문객들이 많을 경우—아주 큰 거래소에서는 수천 명이 거래한다—사고 싶은 사람과 팔고 싶은 사람이 서로 만날 가능성이 적으며, 어쨌든 많은 시간을 낭비할 것이다. 그런데 상업에서는 **시간**의 경제적 가치가 수 세기 전부터 엄청나게 커졌다. 각각의 중개인은 대부분의 경우—우리는 이것을 나중에 자세하게 볼 것이다—하나 또는 여러 개의 특정한 품목(예를 들면 베를린 어음할인 회사의 주식)의 거래를 중개한다. 이러이러한 품목을 거래하

---

15 덧붙여 말해서, 거래소 투기에 대한—일부는 정당한—많은 비난을 고려하면 거래에 대한 수많은 모든 약정이 완전히 구두로 행해지며, 일반적으로 증인이 있는 경우는 결코 없다는 점은 어쨌든 주목할 만하다. 그리고 거래가 엄청난 손실을 가져다주더라도, 누군가가—신중하지 못한 투기꾼이라도—계약의 성립에 이의를 제기하는 일은 **결코** 없다는 점도 주목할 만하다. 이의를 제기하는 사람은 그때부터 거래소에는 결코 있을 수 없을 것이다. 왜냐하면 말의 절대적인 신뢰성이 거래소 존립의 기초이기 때문이다.

고 싶다면, 어느 중개인에게 의뢰해야 하는지를 사람들은 알고 있다. 따라서 공급이나 수요로 '시장'에 나오는 모든 것은 중개인들의 수중에 모인다.

이렇게 해서 거래소는 시장과 마찬가지로 매수자와 매도자가 만날 수 있게 해준다. 그러나 이것이 거래소와 시장이 중요한 유일한 이유는 아니다. 예를 들면, 농민도 지방의 소도시로 가지고 갈 농산물을 **시장**으로 보낸다. 그 농산물을 혹시 필요로 할지도 모르는 각 도시 가정의 문 앞으로 보내지 **않는** 이유는 이것이 엄청난 시간 낭비를 의미하기 때문만은 아니다. 무엇보다도 농민은 그곳에서 가장 높은 가격을 받고 싶기 때문에 그 농산물을 **시장**으로 보낸다. 매수자는 매도자 모두 또는 대부분과 여기에서 만나며, 마찬가지로 매도자도 여기에서 매수자와 만난다. 매도자와 매수자 양쪽 모두는 거래 참여자들 중의 어떤 사람이 자신들과 거래하는 자보다 더 유리한 조건을 제시하는지 서로 살펴볼 수 있다. 일반적으로는 이렇게 해서 생겨난 사려는 사람들의 상호 경쟁으로 인해 똑같은 종류나 똑같은 품질의 상품이 시장에서—근소한 편차가 있지만—거의 동일한 가격으로 매매된다.

이와 똑같은 역할을 거래소가 한다. 그곳에서는 특정한 순간에 특정한 종류나 품질의 품목에 대해 생겨나는 가격(매일 또는 매시간의 '거래소 시세')이 훨씬 더 강력한 중요성을 지녔다는 점을 제외하면 말이다. 신문의 시세란은 베를린 상품거래소에서 곡물, 주정 등이 거래되는 가격을 매일 공고하는데, 곡물이나 주정 등의 상인과 동부 독일 전체의 농민이 이 시세란을 본다. 곡물 상인은 다음과 같이 계산한다. 곡물의 톤(1,000킬로그램)당 가격은 X마르크이다. 따라서 나는 대략 이 가격으로 곡물을 팔 수 있을 것이다. 베를린까지 철도 운임은 Y마르크이다. 톤당 Z마르크를 벌고 싶다면, 나는 거래인 [농민]에게 기껏해야 X에서 Y와 Z를 뺀 마르크밖에 못 준다. 따라서 곡물 상인은 자신에게 곡물을 제공하는 농민한테 '오늘의 베를린 곡물 시세 공시에 따라 얼마만큼의(즉 Y와 Z를 뺀) 마르크를' 지불할 용의가 있다고 말한다. 동부 독일에서 수확한 곡물의 대부분은 이런 식으로 팔린다. 그곳에서 양조된 주정도 모두 거의 같은 방식으로 생산자들에게서 사들인다. 그들에게는 이 거래소 시세와 그 가격이 **생사가 걸린 문제**이다. 거래소가 존재하지 않는다면, 그들은 곡물 상인이 자신들에게서 사들이는 곡물로 얼마만큼 버는지를 대충이나마 확인할 방법이 거의 없을 것이다. 그러면 그들은 상인에게 휘둘릴 수밖에 없다.

다른 한편으로 증권 소유자는 국채, 주식 등의 시세가 실린 신문 시세란을 보는데, 이는 그가 가진 증권의 가치가 거래소에서 어느 정도로 평가되는지를 확인하기 위해서다. 그는 '상장된' 증권을 마음대로 살 수 있다. 반면에 대부분의 경우 그는 돈을 필요로 하고 이자를 지불하려는 착실한 사업가나 농민에게는 자신의 돈을 직접 빌려주지 않는다. 일단 그가 그러한 사람을 만나는 것은 순전히 우연이기 때문이다. 그러나 무엇보다도 이는 그가 아무때나 자신의 돈을 돌려받을 수 없고 부채가 만기가 될 때까지 기다려야 하기 때문이기도 하다. 사실 그가 채권을 다른 사람(즉 그에게 돈을 주고 이 채권을 인수하려고 하는 사람)에게 '양도할'(즉 넘겨줄) 수는 있다. 그러나 그가 이런 사람을 찾을 수 있는지 또 이 사람이 자기에게 얼마를 지불할 용의가 있는지는 매우 의문이다. 이에 반해 거래소에서 규정에 따라 거래되는 증권의 경우, 돈이 필요할 때는 언제든지 그가 신문에서 본 것과 대충 비슷한 가격으로 사줄 구매자를 거래소에서 찾을 수 있다. 시세표의 숫자는 그에게는 일종의 온도계이다. 이것으로 그는 자신이 소유한 재산을 얼마로 평가해도 좋은지를 매일 확인한다.

거래소가 국민경제에서 차지하는 엄청난 중요성은 무엇보다도 이러한 사정에 기인한다. 거래소는 오늘날 국민경제의 조정자 및 조직자가 되기 시작했으며, 점점 더 그렇게 되고 있다. 오늘날의 사회질서가 지금과 거의 비슷한 방식으로 계속 존재하는 한, 거래소도 그렇게 될 **수밖에 없을 것이다.** 이와 동시에 거래소에서 가격('시세')이 안정되게 올바른 방식으로 형성되고 결정되는 것이 얼마나 중요한지도 나타나고 있다. 거래소에서 거래되는 상품과 증권에 대해서 매일 지불되는 가격을 산출해 내기 위해 모든 거래소는 여러 가지 조치를 취했다. 거의 모든 거래소, 특히 독일에서 가장 큰 거래소인 베를린 거래소는 일반적으로 거래 체결을 성사시킨 중개인의 협력하에 공식적인 '시세표'를 발행한다. 그다음에는 신문들이 이 시세표 내용을 전한다. 이 '시세'가 어떻게 성립되는지, 그리고 거래가 거래소에서 어떤 방식으로 어떤 사람들 사이에서—이들은 이 거래의 결과이다—이루어지는지는 제2부에서 자세하게 볼 것이다.

자본가도 사업가도 아닌 독자라면 신문 지면 끝에 길게 늘어선 숫자들을 건너뛰겠지만, 이 숫자들은 자본가나 사업가에게만 중요한 것이 아니다. 무미건조한 숫자들이 1년 동안 변하는 모습은 산업 전체의 번영과 쇠퇴를 의미한다. 오늘날 수많은 사람의 행복과 불행은 이 산업의 상태에 달려 있다.

우리는 거래소의 본질적인 기초와 그 제도가 대체로 매우 비슷할 수밖에 없다는 것을 잘 알고 있다. 거래소의 용도는 어디에서나 똑같기 때문이다. 그러나 본질적인 목적이 이처럼 근본적으로 같음에도 불구하고, 몇몇 나라에서는 거래소의 조직이 매우 두드러진 상이함을 나타낸다. 이 상이함의 주요 형태를 예를 들어서 잠시 고찰해보자.

영국과 **미국**의 가장 큰 거래소들—모든 거래소가 아니라 가장 중요한 거래소들—은 직업적인 거래소 거래인들의 폐쇄적인 클럽과 같은 성격을 지녔다. 일반적으로 증권거래소와 상품거래소는 서로 분리되며, 종종 이 상품거래소는 다시 더욱 전문화된 거래소로 나누어진다. 모든 거래소는 자치단체를 이룬다. 이 단체는 보통 조합으로서 누구를 회원으로 받아들일지를 **스스로 결정하기** 때문이다. 거래소의 몇몇 자리는—우리 나라의 교회 직책이 전에는 일반적으로 그랬고 아직도 부분적으로 그런 것처럼—세습되며 아주 큰 액수의 돈을 받고 팔 수 있다. 그리고 한 자리를 얻어 단체에 받아들여진 사람만이 거래소 거래에 직접 참여할 수 있다. 그 외의 사람이 거래하고 싶을 때는, 누구나 중매인으로 인정받은 자—브로커broker—를 이용해야 한다.[16]

---

16 뉴욕에서는 누구나 거래소의 홀 안으로 들어갈 수 있다. 그러나 그 안에는 차단기로

이러한 거래소 거래인 단체에 가입하려면, 한 자리를 얻는 것만으로는 충분하지 않다. 보통 그 단체는 상당한 보증금을 요구하기도 한다. 그렇게 하면 새 가입자와 거래하는 사람 역시 그 새 가입자가 의무를 잘 이행하리라고 확신할 것이기 때문이다.[17] 그러므로 이렇게 해서 거래소는 공공연하게 부자들의 독점체로 조직된다. 직업적인 거래인들은 조합처럼 그들 자신이 거래를 장악했다. 그들만이 상商관습, 즉 일단 거래소에서 거래가 체결된 것으로 간주되는 조건을 정했다. 국가도, 그 누구도 그들에게 끼어들어서는 안 된다. 그들은 거래소 거래에서 일종의 '금융 귀족'을 이룬다.

겉보기에 이와 가장 큰 대조를 나타내는 것은 프랑스에서 가장 큰 거래소인 파리 증권거래소이다. 여기에는 거래소 거래인들의 폐쇄적인 단체가 존재하지 않는다. 누구나 열린 시장에 가듯이 직접 거래소에 입장해—누군가가 그에게 신용 대부를 해주면—거래에 참여할 수 있다. 우리가 종종 보듯이 푸른 작업복을 입은 노동자들은 자신들이 얻은 국채 증서를 거래소에서 다시 판다. 프랑스의 거래소 거래는 겉으로는 프랑스 국가와 마찬가지로 민주주의적으로

둘러싸인 원형극장 같은 연단이 있다. 그 안에는 허가받은 거래소 거래인들만이 들어가 거래를 체결할 수 있다. 그곳에 가서 거래인 중 누군가로부터 신용을 얻는다면 그에게 거래를 주문할 수 있다. 런던 증권거래소의 장내에는 허가받은 브로커(즉 중매인)와 딜러(즉 거래인) 외에는 누구도 들어갈 수 없다.

17 부유한 사람이 그를 보증해야 한다(런던에서는 각각 500파운드—1만 마르크—를 지닌 두 명이 필요하다). 또는 가입자 자신이 일정액의 현금이나 유가증권을 공탁해야 한다. 지불의무를 이행할 수 없는 자는 대부분의 경우 계속 배제된다. 또한 부정행위를 한 자에 대한 처벌도 상당히 엄하다.

조직되어 있다. 그러나 여기에는 한계가 있다. 프랑스의 증권거래소야말로 예전부터 **정치**제도였다. **국가**는 정치적인 목적을 위해 거래소를 이용했으며, 이에 따라서 국가는 그 조직에 마음대로 간섭했기 때문이다. 그래서 파리 증권거래소를 비롯한 프랑스의 7개의 큰 증권거래소에는 입회인parquet 협회가 있다. 이 협회는 말하자면 정부의 허가를 받은 중개인들, 즉 '증권중개인들Agents de change'의 특권단체 협회이다. 법률에 따라 이 중개인들만이 통상적인 보수(중개료)를 받고 거래소에서 거래를 성사시킬 권한이 있다. 중개인을 필요로 하는 자는 누구나 그들 중 한 명에게 의뢰해야 한다. 그리고 이미 말했듯이, 거래하고 싶은 사람이나 거래 상대자를 빨리 찾고 싶은 사람은 거의 언제나 중개인을 이용하지 않으면 안 된다. 따라서 중개인들은 거래 중개를 독점하며, 이로 인해 막대한 규모의 수입이 그들에게 보장되고 있다.

파리 거래소에서의 거래는 아주 엄청나지만, 면허가 있는 중개인은 60명밖에 없다. 이런 종류의 중개인은 모두 은퇴하면 자신의 후임자를 직접 추천해서 자신의 면허를 (예를 들면 우리 나라에서 약제사가 그런 것과 비슷하게) 넘겨줄 권리가 있기 때문에, 중개인 자리는 사실상 팔 수 있다. 지금은 그러한 자리를 얻는 데 약 200만 프랑을 지불한다. 게다가 모든 중개인은 25만 프랑의 보증금을 공탁해야 한다. 따라서 이처럼 독점권을 지닌 중개인들은 백만장자이다.[18] 증권

---

18 예를 들어 파리에서 거래량이 엄청나게 많으면 면허를 지닌 중개인 60명만으로는 결코 그 거래를 처리할 수 없다. 좋든 싫든 면허가 없는 그 밖의 중개인들—소위 쿨리스

거래소의 모든 거래 중 아주 많은 부분—약 절반—은 이들의 손을 통해 이루어진다. 그들의 자리는 차단기로 둘러싸인 공간 안에 있다. 따라서 영국이나 미국의 큰 거래소와의 차이는, 프랑스에서는 거래소 거래 전체가 아니라, 어느 정도 거래의 핵심(매수자와 매도자 간의 최종적인 연결)만을 특권 집단이 독점한다는 것이다.

독일의 거래소들은 서로 다르다. 가장 큰 거래소들, 즉 베를린, 함부르크, 프랑크푸르크의 거래소들을 살펴보면, 우리는 우선 증권과 상품의 모든 거래를 위한 거래소들이 같은 장소에 함께 모여 있다는 사실을 알게 된다. 프랑스와 영국에서는 보통 그렇지 않다. 거래소 건물 안에서는 당연히 각 '시장'이 서로 분리되어 있다. 그래서 베를린에서는 상품거래가 거래소 홀의 큰 방 세 개 중 가장 뒤에 있는 곳에서 이루어진다. 그리고 증권거래소 안에는 또 주요 증권(러시아의 은행권, 어음할인 합자회사의 주식 등)이 각각 습관적으로 거래되는 장소가 있다.

게다가 자세히 보면, **함부르크** 거래소는 프로이센의 거래소들과는 다른 모습을 나타낸다. 함부르크 거래소는 덮개를 씌운 시장이다. '분별력 있는 일반 남자라면 모두' 그곳을 방문할 수 있다. 거래소가 도중에 있으면 통로로 이용된다. 선주나 외국 상인은 여기에

Coulisse—의 존재를 인정하지 않을 수 없다. 그럼에도 불구하고 그들[면허를 지닌 중개인 60명]은—법이 쿨리스를 인정하지 않았기 때문에—면허가 없는 중개인들을 처벌하겠다고 고발하고 '이들을 내쫓을' 수 있었다. 따라서 어쨌든 그들[면허를 지닌 중개인 60명]은 자신들이 어떻게든 해결할 수 있는, 거래량이 매우 많고 수익성이 있는 거래들을 '쿨리시어[면허가 없는 중개인]들Coulissiers'로부터 그대로 넘겨받으려고 한다.

들러서 운송비 거래나 그 밖의 거래를 체결한다. 상시적으로 이곳을 방문하는 자들 중에는, 자신을 위해서나 중매인으로서 다른 사람을 위해 거래하는 직업적인 거래소 거래인 이외에 **중개인들**이 있다. 그러나 파리의 증권중개인처럼 특권을 지닌 중개자는 결코 존재하지 않는다. 누구나 자유롭게 중개업을 수행할 수 있다. 중개업을 수행하는 자는 모든 중개인의 일반적인 의무―중개한 거래를 기재한 장부의 정리, 매매계약서의 교부(앞을 보라) 등―를 떠맡기만 하면 된다. 따라서 함부르크에서는 '자유로운 시장'의 원칙이 일관되게 관철되고 있다. 국가에 의해 설립된 상인 대표 단체인 상업회의소는 대외적인 관리만 맡는다.

그렇지만 프로이센의 거래소들, 특히 베를린 거래소는 영국이나 미국의 엄격하게 폐쇄적인 거래소 조합과 함부르크 간의 독특한 중간 상태를 나타낸다. 프로이센의 거래소들은 국가의 인가를 받았으며, 상업회의소(즉 대大상인들의 선출된 대표 기관)의 감독하에 있다. 베를린에서는 '상인 사회의 장로들'이 이와 비슷한 역할을 한다. 이들이 거래에서 구속력 있는 상관습을 최종적으로 결정하며, (주로) 거래소의 외적인 질서를 유지해야 하는 기관―거래소 위원과 대표단원―을 설치한다. 뿐만 아니라 이들은 자신들 앞에 제기된 분쟁 사항을 자발적으로 해결하기 위해 중재판정소도 설치한다. 개개의 분쟁 문제에서는―여기에서는 이 문제에 더 이상 관심을 갖지 않겠다―업무 규정에 따라 당사자들은 그런 중재판정소의 결정에 복종할 의무가 있다.

거래소는 폐쇄적인 단체가 아니다. 그러나 누구나 출입이 허가

된 것은 아니다. 출입하려면 입장권을 소지해야 한다. 그러나 이 입장권은, 거래 목적으로 거래소를 방문하고 싶고 또 거래소 회원들로부터 입장을 권유받았다는 것을 명백히 밝힌 주민이라면, 누구에게나 비싸지 않은 요금을 받고 준다. 추천장의 경우도 추천해준 회원에게 아무런 의무도 지우지 않기 때문에, 예외 없이 모든 회원으로부터 얻을 수 있다. 다만 질서를 어지럽히는 자, 거래소 회원을 모욕하는 자, 거짓 소문을 퍼뜨리는 자, 지불할 능력이 없는 자는 때때로 배제된다. 그러나 영국 거래소처럼 엄격한 규율은 우리 베를린 거래소에는 없다. 전에 파산했던 사람들조차 보통 어느 정도 시간이 지나면 다시 출입이 허가된다. 거래소 이사회의 강제 수단은 보잘것없어서 일시적인 배제 이외에 거래인에 대한 다른 징계는 없다.[19]

직업적인 거래인, 은행 대리인 및 중매인 이외에 프로이센의 거래소에도 **중개인**이 있다. 이 중개인과 관련해서도 프로이센의 거래소는 중간 위치를 차지하고 있다. 여기에서는 파리 거래소의 면허를 지닌 중개인과 함부르크 거래소의 완전히 개방된 중개업 사이에 있다. 누구나 중개업을 행할 수 있으며, 다수의 '자유' 중개인이 존재한다. 이들의 영업활동은 함부르크 중개인들의 영업활동과 마찬가지로 통제받지 않는다. 그러나 거래소 재판소의 제의에 따라 정

---

19 최근에는 예를 들면 많은 상사商社와의 순전히 사적인 협정에 근거해서, 장로들은 특히 불명예스러운 행동(사장이 알지 못하는 상태에서 점원 등과 거래를 체결하는 것—그렇게 하면 점원은 바로 배임행위를 저지르는 것이다—)에 대해 '징계하기' 시작했다. 그러나 그렇게 '징계받은 자'가 징계를 거부하면 그뿐이다. 왜냐하면 그에 대한 법이 없기 때문이다.

부로부터 인정받은 '**선서**' 중개인들은 특수한 지위에 있다. 그들에게 중개자로서의 특권은 전혀 없다. 그들은 특히 파리의 중개인처럼 중개를 독점할 권한이 없다. 사람들은 자기 마음대로 선서 중개인에게 의뢰할 수도 있고 비非선서 중개인에게 의뢰할 수도 있다. 그들은—강제매각 등에서의 보잘것없는 특권을 제외하면—증권거래소에서만 특권적인 지위에 있으며, 이것도 단지 각 증권의 당일 **시세**를 정할 때 그들에게 자문을 구한다는 점에서만 그렇다. 원칙적으로는—언제나 실제로가 아니라—제안된 가격, 요구한 가격, 지불된 가격을 산출해 기재할 때, 그들에 의해 중개된 거래의 체결만이 고려될 뿐이다.[20]

그러나 우리는 다음과 같은 사실도 보게 될 것이다. 즉 많은 경우 거래를 체결하는 사람은 중개인들에 의해 체결된 거래를 고려해 거래소에서 가격을 정하는지에 관심이 있다. 특히 중매인들의 경우가 그렇다. 이들의 고객은 밖에서 신문을 통해 중매인을 감시한다. 즉 고객은 중매인이 올바른—다시 말하면 거래소에서 산출되고 기재된—가격으로 계산하는지를 감시한다. 따라서 사려는 사람들은—우리가 나중에 보게 되는 것처럼 모든 종류의 거래에서 그런 것은 아니지만—대체로 그처럼 선서 중개인에게 의뢰한다. 게다가 선서 중개인은 다른 중개인들에 비해 다음과 같은 의무만 추가된다. 무엇보다도 선서 중개인은 독자적인 거래를 해서는 안 되며, 그것을

---

20 시세 확정 방식에 대해서는 제2부를 보라.

보장해서도 안 된다.[21] 따라서 우리 나라에서는 중개업을 하기 위해 파리의 중개인만큼 재산이 있어야 할 필요가 없다. 오히려 지불 불능이 된 상인들이 중개인으로 임명되어 다시 '만회하는' 경우도 드물지 않다.

이와 마찬가지로 직업적인 **거래소 거래인**이라는 신분 집단이 우리 나라에서는 일반적으로 부유한 계층이라고 생각하지 않도록 주의해야 한다. 오히려 거래소 거래인 간의 재산 차이야말로 한 신분 집단 안에 있을 수 있는 차이 중에서 가장 두드러진다고 말할 수 있다. 이러한 점에서 그들은 극도로 '잡다한' 사회이다. 거대 은행들(이 은행들은 5000만 마르크 이상의 자본을 지녔다)의 대리인부터 아주 가난한 상인(그는 작은 가격 변동에 투기해서 하루하루의 생계를 이어간다)에 이르기까지 잡다하다. 거래소에서는 때때로 큰돈을 '번다'. 대부분의 경우에는 그 자체만으로도 이미 큰돈이 엄청나게 불어난다. 하지만 투기자는 엄청나게 긴장하며 신경을 쓰기 때문에, 그의 삶은 결코 몇몇 사람들이 꿈꿀 만큼 부러워할 만한 것이 아니다. 거래소 거래인이라고 해서 언제나 부富의 원수元帥 지휘봉을 배낭에 갖고 다닌다고 생각해서는 안 된다. 이런 엄청난 차이 때문에 우리 나라에서는 거래소 거래인의 신분 집단이 결코 영국의 큰 거래소 조합의 회원처럼 (비교적) 동질적인 계급을 이루지 않는다. 이것은 여러 가지 점에서 중대한 손해이다.

---

21 이 규정이 중개인의 선서에도 불구하고 매일 지켜지지 않는다는 점과 그 이유에 대해서는 마찬가지로 나중에 살펴볼 것이다.

거래소 밖에 있는 사람은 거래소를 판단할 때, 다음과 같은 사실을 곧잘 강조하는 경향이 있다. 즉 거래소에서는 비교적 '힘들이지 않고' 일종의 복권 같은 이득을 얻는 경우가 드물지 않다. 다른 한편으로는 여러 해 동안 노력해서 모은 돈을 주식 투기로 잃어버리는 경우가 있는데, 이런 일은 나쁜 의도를 지닌 위탁판매점의 중개업자나 광고가 주식매매에 참여할 생각이 조금도 없었던 사람들을 주식 투기로 유혹하기 때문에 생긴다. 거래소 상황을 조사하기 위해 지난 2년 동안 소집된 위원회(거래소 조사 위원회)는 낭비적이고 위험한 주식 투기를 하도록 **유인하는** 것을 폭리와 똑같이 처벌하고 그 거래가 법률상 무효임을 선언하라고 건의했는데, 이는 당연하다. 그 외의 조치들을 통해—문제가 되는 몇 가지 조치에 대해서는 제2부에서 논할 것이다—일반 대중의 사취를 방지할 수 있다면, 그리고 직업적인 주식매매와는 무관한 일반인들의 주식거래 참여도 효과적으로 예방할 수 있다면, 그 조치들을 취해야 한다. 물론 가장 큰 소리로 외치는 자들을 가장 믿을 만한 비평가로 간주하지 않도록 항상 조심해야 한다. 특히 몇몇 정치단체는 거래소 반대 캠페인의 선두에 섰는데, 그들 자신도 거래소에 대해 너무 잘 아는 것일 뿐 그곳에서 얻은 이득을 거부하지는 않는다. 손실은 마지못해 지불하지만 말이다. 유감스럽지만, 일반 대중을 투기에의 참여로부터 멀리 떼어놓을 수 있을 것이라고 너무 낙관적으로 생각해서는 안 된다.

그러나 무엇보다도 다음과 같은 사실을 상기해야 한다. 즉 '거덜나고 싶지 않은' 사람들, 자신의 재산을 거래소에 걸지 않고 그 소유를 어쨌든 확실하게 하고 싶은 사람들의 관점은 거래소와 그 피해를 정치적으로나 사회정책적으로 고찰할 때 **가장 본질적인** 관점으로 받아들일 수 없다는 사실이다. 오히려 거래소가 경제생활에서 수행해야 하는 아주 필수적인 기능을 고려하면, 다음과 같은 물음이 비교할 수 없을 정도로 더 중요하다. 1. 일반적으로 거래소는 오늘날 지나친 면도 있지만, 국민경제에서 자신에게 주어진 기능을 수행하는가? 우리는 이 물음을 제2부에 가서야 자세하게 다룰 수 있을 것이다. 여기에서는 먼저 다음과 같은 결정적인 선결문제를 자세히 다룰 것이다. 2. 오늘날의 거래소 조직에서 이러한 기능을 맡은 인간 집단은 그들의 특성대로 이 필요한 기능을 제공할 수 있는가라는 물음이 그것이다. 이 물음은 몇몇 사기 술책에 대한 한탄보다 더 중요하다.

우리는 나중에(제2부에서) 보게 되겠지만, 거래소에는 그 형식 때문에 **그 자체**로 '신용이 있는' 또는 '신용이 없는' 거래 형식이나 주가 조작은 없다. 거래소에는 그 형식을 이용하는 **사업가들**이 있을 뿐이다. 이들이 '신용이 있든' '신용이 없든' 간에 말이다. 중요한 것은 **사람**이다. 따라서 악행을 막는 조치로 거래소 조사 위원회가 제안한, 같은 신분 집단의 동료들로 구성된 **명예 재판소**의 도입보다 더 결정적인 조치는 없다. 명예 재판소는—불만이 제기되면—동료의 거래 행위를 심사하고, 필요한 경우에는 [정직 처분 등의] 명예 박탈형, 경우에 따라서는 거래소 출입 금지를 명한다.

그러나 '명예 재판소'가 효과적이기 위해서는, 우선 신분 집단 내부에 모두에게 공통되며 동질적인 명예 관념이 **존재해야** 한다. 우리 나라의 경우는 분명히 그렇지 않다. 우리 나라의 거래소 조직은 모든 사람에게 무차별적으로 문을 열어주기 때문에, 그렇게 될 수 없다. 무엇보다도―재산 사정과 견해에서 근본적으로 다른―거래소 입장객들 사이에는 대략적으로라도 개인적인 대등함이 없다. 런던 증권거래소는 '금권정치에 따라' 조직되어 있다. 우리가 본 것처럼, 그곳은 어쨌든 주식매매에 참가하는 전제 조건으로 상당한 재산 상태와 보증금을 요구하기 때문이다.

우리 나라의 거래소가 재산이 거의 없는 사람들에게도 입장을 허락한다고 해서, 거래소에서 대자본의 우위가 줄어들었다고 생각해서는 안 된다. 전혀 그렇지 않다. **정반대이다.** 그 우위가 우리 나라에서는 단지 은폐된 형태로만, 따라서 책임감이 훨씬 더 적은 상태에서 행사될 뿐이다. 즉 대자본가는―해명을 요구받으면―주식매매에 참여하는 수많은 '불순분자들'에 대한 주의를 환기시킨다. 자금이 별로 없는 거래소 거래인들에게만 그런 분자들이 있는 것이 전혀 아님은 확실하다. 왜냐하면 명예를 소중히 여기는 마음가짐이 결코 돈주머니의 크기에 따라 나타나지는 않기 때문이다. 그러나 한 가지는 확실하다. 오늘날에는 '큰손들', 즉 대자본가들만이 주식매매가 수행하는 기능을 감지**할 수 있다.** 대자본이 은행의 수중에 집중되고 있다고 많은 사람들이 불만을 쏟아내는데, 이러한 집중은 어느 정도의 한계 안에서는 오늘날의 우리 국민경제 조직에 반드시 필요하다. 소액 투기자는―그는 작은 가격 차이에서 이익을 챙기려고 하고, 또 거래소를 자신이 갖지 못한 재산을 얻을 수 있는 곳으로 삼는 자이기 때문에―국민경제상의 목적을 결코 달성하지 못한다. 그가 얻는 이득은 전혀 쓸모없는 기식자에게 국민경제가 불필요하게 지불하는 것이다. 대자본가들이 거래소에서 때때로 국부에 얼마나 큰 위험을 가져올 수 있는가는 나중에 볼 것이다. 그리고 이 위험을 줄이기 위해 혹시 할 수 있는 것이 있는지, 있다면 무엇인지도 나중에 볼 것이다.

다른 한편으로는 그들의 협력이 전적으로 **불가결**하겠지만, 그리고 집중된 자본력을 갖지 못한 국민경제는 **외국** 자본가들에게 예속되겠지만, 소액의 주식 투기자는 자신의 노동을 더 유용한 활동에 돌리는 것이 더 나을 사람에 불과하다. 무엇보다도 그는 일반적인 사회적 교양, 교육이나 지위에서 **동질적인** 거래소 거래인들의 계급 발생을 방해한다. 만약 이러한 계급이 발생한다면, 거래소 거래인들은 자기 동료들로 '명예 재판소'를 구성할 수 있을 것이다. 그러면 명예 재판소는 교육적인 효과를 발휘할 힘을 가질 수 있으며, 그들의 판단은 존중받을 것이다. 하지만 현재 우리 나라 거래소에 출입하는 잡다한 일반 대중에서 선발해 구성된 명예 법정이라면, 그런 명예 법정의 판결은 결코 존중받지 못할 것이다. 통일된 '명예 관념'이라는 전제가 결여되었기 때문이다. 따라서 나의 개인적인 의견은[22] —여기에서는 아주 조심스럽게 이 의견을 말한다. 왜냐하면 사람들이 나의 의견이 어떤지를 당연히 물어볼 것이라고 생각하기 때문이다—다음과 같다. **명예 감정**은 모든 사회조직의 힘이다. 우리 나라 거래소뿐만 아니라 모든 거래소를 사실상 **지배하는** 것은 큰 돈주머니이며, 이와 다르게 될 수도 없다. 따라서 큰 돈주머니에게 **형**

---

22 나의 의견은 이 분야의 가장 유명한 전문가들과 일치한다.

식적으로는 활동 영역을 용인하면서도 보증금을 많이 요구해 거래소에의 입장을 **어렵게** 하는 것이 더 나을 것이다. 그렇게 한다고 해서 대자본가들의 지위가 강화되는 것은 아니다. 오히려 그렇게 해야 거래소에서 업무상 명예로운 것이 무엇이고 그렇지 않은 것이 무엇인지에 대한 통제와 통일된 견해가 생겨날 수 있다.

그러나 거래소 거래인들 자체를 다른 사람들의 노동 성과를 빼앗는 음모자들의 클럽으로 여기는 사람은 나의 의견에 고개를 저으며 믿지 않을 것이다. 그런 사람에게는 '당신은 그들을 알지 못한다'고 말해야 한다. 중요한 것은 명예 관념을 확실하게 지닌 분자들(다른 집단과 마찬가지로 이 신분 집단에는 이런 사람들이 있다)에게 그들의 견해를 전보다 더 많이 주장할 가능성을 마련해주는 것이다. 그렇다면 영국식을 더 많이 따른 거래소 조직이 적절한지 묻고 싶을 것이다. 현재 나는 이 질문에 긍정적인 대답을 하고 싶다. 거래소는 부자들의 독점체**이다.** 이러한 사실을 덮어버리면서 자산이 없어 무기력한 투기자들에게는 거래소 입장을 허용하고, 아울러 대자본에게는 그런 투기자들한테 책임을 전가할 가능성을 주는 것보다 더 어리석은 짓은 없다.[23]

적극적인 **국가의 감독**으로 이와 비슷한 목적은 달성할 수 있다고

---

23 그렇지 않다면, 일반적으로 거래소 주위를 차단기로 둘러싸지 않고 함부르크 방식에 따라 모든 사람에게 열린 시장으로 만들지 않을 이유가 없다. 함부르크 상인 계급이 수 세기에 걸친 훌륭한 전통을 지닌 덕분에, 완전히 자유로운 함부르크 거래소는 가장 불안정한 거래소가 되지 않고 오히려 그런 종류의 거래소들 중에서는 비교적 가장 좋은 곳이 되었다.

기대하는 사람이 있을 것이다. 현재 프로이센에는 당연히 상무 장관이 거의 무제한적으로 간섭할 가능성이 존재한다. 따라서 문제는 어떻게 하면 감독할 수 있는가이다. 오스트리아의 국가 위원은 지금까지 제대로 할 수 있는 것이 거의 아무것도 없었다. 거래소 명예 재판소가 설치된다면, 검사처럼 고발하는 자로서의 국가 위원을 두고 싶을 것이다. 그렇지만 재판권 자체를 [거래인이라는] 신분 집단 동료 이외의 다른 사람들에게 맡긴다면, 이는 아마도 잘못일 것이다. 영업상의 명예에 관한 최고의 견해가 신분 집단 자체 속에 퍼지는 것을 기대할 수 **없다면**, 거래소 명예 재판소의 설립은 코미디이며, 설치되지 않는 편이 더 낫다. 게다가 사람들은 거래소의 주요 기관―'장로', '거래소 위원' 등―의 회의에 국가 위원을 참석시키자고 제안했다. 그러나 여기에서 중요한 것은 통제가 아니다. 중요한 것은 국가 측에서 그 회의에 안건을 제시해 상인 단체 대표자들과 함께 상의할 수 있게 하는 것이다. 이러한 방식은 지금 우리 나라에서도 볼 수 있다. 물론 그렇다고 해서 **결정적인** 일이 일어나는 것은 아니다. 적어도 **거래**의 통제는 일어나지 않는다. 사람들은 이 통제를 실제로 그런 것보다 훨씬 더 쉽게 생각한다. 식료품 시장이라면, 식품 변질, 중량 속임 등을 감시하는 경찰을 몇 명 배치할 수 있다. 나쁜 행위를 감시하기 위해 국가 위원을―이들이 아무리 많더라도 또 아무리 유능하더라도―거래 시간에 맞춰 거래소에 파견한다고 해서 과연 얻을 수 있는 것이 무엇인지는 말하기 어렵다.

거래소에 대한 전반적인 감시가 공허한 말이라는 사실을 분명히 알아야 한다. 중요한 점은 다음과 같은 것이다. 즉 어떤 특정한 사태를 통제할 수 있는지 또는 입법을 통한 간섭으로 어떤 특정한 사태를 규제하고 싶은지, 예를 들면 어떤 거래를 막고 싶은지 또 어떤 사람들 간의 거래를 막고 싶은지를 아는 것이다.[24]

---

24 앞선 설명의 목적은 거래의 **내부**로 파고드는 것의 중요성을 논증하는 것이었다. 제2부에서는 거래소 거래의 청산 방식 및 그 형식, 시세 결정과 가격 형성의 방식, 그리고 거래소 거래에서 거대 은행의 기능에 집중할 것이다. 그 목적은 거래소에서 달성할 수 있는 것과 거래소 제도 분야에서 어떤 개혁 목표를 설정할 수 있고 또 설정해야 되는지에 대해 개략적인 이해를 얻기 위해서다.

제2부 거래소 거래

거래소는 대량으로 거래되는 상품의 매매계약이나 특정한 [외국] 화폐, 어음, 유가증권의 매매계약이 직업 상인들 사이에서 체결되는 **시장**이다. '거래소에서 유통되는' 상품이나 증권을 매매하고 싶은 사람들, 예를 들면 곡물을 팔고 싶은 농민, 그것을 사려고 하는 큰 제분소 사장, 돈을 투자해서 유가증권을 얻으려고 하는 자본가, 현금이 필요해 유가증권을 팔려고 하는 그 밖의 사람들은 이 거대한 시장에서 그때 자신들에게 가장 유리한 가격으로 매도자나 매수

- 주 24에서 한 약속을 전부 지키지는 못했다. 여기에선 주로 거래 형식만 논할 것이다. 거대 금융 세력의 기능은 따로 논의하는 것이 더 좋을 듯하다. 이 문제와 아무 관계없는 사람들을 이해시키기 위해서는 어느 정도 길게 논의하는 것이 불가피하기 때문이다. 거래소 개혁의 제안이나 거래소 법에 대해서도 지면 부족으로 상세하게 논의하지 못했다.

자를 가장 확실하게 찾을 수 있다. 따라서 그들은 거래소에서 대리하는 **중매인**에게 주문한다. 이때 주문자들은 자신들이 사거나 팔 용의가 있는 최악의 가격을 말한다. 그들은 가격을 '제한한다'(예를 들면 러시아 지폐 1만 루블을 100루블당 210마르크를 넘지 않는 가격으로―물론 어쩌면 그 이하로―살 용의가 있다). 또는 그들은―어쨌든 매매하고 싶을 때는―'제한 없이' 계약을 한다(예를 들면 1만 루블을 '가장 유리하게', 즉 중매인이 시장에서 그것을 얻을 수 있는 것 중에서 가장 싼 가격으로 사고 싶어 한다).

특정한 종류의 상품이나 증권이 매번 이러한 주문자들에 의해 어느 정도로 제공되거나 찾아지는지는, 그리고 이에 대해 어떤 가격이 요구되거나 제공되는지는 물론 셀 수 없을 정도로 많은 원인에 달려 있다. 참여자들의 매도 성향이나 매수 성향에는 이 원인들이 고려된다. 여기에서 이 원인들을 자세히 나열하기는 어렵겠지만, 그래도 그런 시도를 할 수는 있다. 중매인들은 주머니에 주문서를 넣고서 거래소로 간다. 그곳에서 그들은 주문자가 요구하는 대로―가능한 한 주문자에게 유리하게, 또 어쨌든 그가 제시한 가격 '제한' 안에서―자신들과 거래할 수 있는 상대방을 찾으려고 하거나, 해당 품목(곡물 종류, 관계 회사의 주식)의 거래 중개를 전문으로 하는 **중개인** 중 한 사람에게 의뢰한다. 따라서 해당 품목에 대해 거래소에서 매일 이루어지는 매매 제시는 대부분 이 중개인들에게 맡겨진다('수요와 공급'이 이들에게 집중된다). 그들은 이 매매 주문을 처리할 때 제시된 가격 '제한'을 고려하면서 될 수 있는 한 많은 거래가 이루어지도록 한다. 이는 '중개료'를 가능한 한 많이 벌기 위해서다.

시장에서 특정한 종류의 상품이나 유가증권을 팔거나 사겠다는 주문의 정도에 따라—그때마다의 '시장 상황'에 따라—특정한 가격에 팔 사람을 더 이상 찾지 못한 사려는 사람들은 자신들의 제시 가격을 올려 그 상품을 소유한 다른 사람들로 하여금 비싼 가격에 팔도록 자극한다. 또는 반대로 팔려는 사람들은 자신들이 요구하는 가격을 낮춰 싼 가격 때문에 사고 싶은 마음이 생겨나게 해야 한다. 따라서 거래 전체가 끊임없는 상호 경매의 성격을 지녔다. 주머니 속에 매수 주문서가 있는 중매인이나 중개인은 가격을 점점 더 높이고, 매도 주문서가 있는 중매인이나 중개인은 가격을 점점 더 낮춘다. 이렇게 해서 두 당사자 사이에 거래가 체결될 때까지, 부르는 가격이 서로 가까워진다.

과거는 물론 오늘날에도 여전히 영국과 미국에서는 거래가 자주 공개적인 경매 **형식**을 취하고 있다. 한 거래소 직원이 높은 곳에서 상품이나 증권의 이름을 하나하나 큰 소리로 부른다. 매매를 원하는 사람들은 직원을 빙 둘러싸고 살 가격을 크게 부른다. 그러면 그는 이 가격을 큰 소리로 반복한다. 참석자들 중 한 명이 그 가격을 받아들일 때까지 말이다. 그다음에는 살 가격을 다시 부른다. 대부분의 경우 거래는 그처럼 공식적으로 외치는 자 없이 이뤄지지만, 이때에도 거래는 본질적으로 [공식적으로 외치는 자가 있는 경우와] 비슷하게 행해진다. 특히 활발하게 거래되는 증권이나 상품을 전문적으로 다루는 거래인들은 대부분의 경우 거래소에서 일반적으로 잘 알려진 고정된 장소에 있다. 해당 증권이나 상품을 사거나 팔고 싶은 사람은 그곳으로 간다. 이렇게 해서 매수가나 매도가를 제시하며 때로는 아주 큰 소리로 외치는 사람들의 무리가 형성된다.

이때 이들은 거래소에서 통용되는 특정한 짧은 표현을 사용한다. 예를 들면 루블화 중개인인 마이어는 러시아 지폐 3만 루블을 100루블당 211마르크 미만의 범위에서 사겠다는 주문을 받았다. 그는 루블화 '시장', 즉 루블화 지폐를 거래하는 무리에게 가서 외친다. "210겔트Geld!"—이것은 거래소 용어로, 나는 100루블당 210마르크를 제공한다는 의미이다. 그러면 다른 사람이 외친다. "211브리프Brief!"—이것은, 나는 100루블당 211마르크로 루블화 지폐를 팔 용의가 있다는 의미이다. 그러면 마이어는 외친다. "210겔트!"—210마르크를 초과해서는 주지 않겠다는 의미이다. 그러자 제삼자가 외친다. "210.75브리프!"—100루블당 210.75마르크로 루블화 지폐를 주겠다는 의미이다. 그러자 마이어는 100루블당 210마르크의 가격으로는 루블화 지폐를 얻지 못한다는 것을 깨닫고는 부르는 가격을 올린다. 그는 곧바로 외친다. "210.25겔트!"—100루블당 210.25마르크를 지불할 용의가 있다는 의미이다. 곧 이어서 제삼자는 이렇게 외친다. "210.625브리프!" 그러면 마이어는 다시 한번 올려서 부른다. "210.5겔트!" 이 가격에 대하여 또 다른 사람이 마이어에게 소리쳐 대답한다. "몇 배입니까?" 즉 당신은 이 가격으로 '매매 단위'—의사소통을 단순화하기 위해 거래소 관습에 따라 최저 단위로 확정된 일정량, 예를 들면 베를린에서 루블화 지폐라면 1만 루블—의 몇 배를 사겠냐는 의미이다. 이에 대해 마이어는 대답한다. "세 배!"(1만 루블의 세 배, 즉 3만 루블만큼 살 것이다) 그러면 3만 루블을 100루블당 210.5마르크면 팔려고 내놓은 상대방은 마이어에게 대답한다. "당신에게an Sie!"(즉 당신에게 나는 [당신이] 부른 가격에 해당 수량을 판다—이에 대한 매수자의 표현은 다음과 같다. "당신에게서von Ihnen!"). 그다음에는 두 사람이 시세와 수량을 즉시 수첩에 적는다. 곧이어 다음 주문을 처리하는 데 주의를 기울인다.

거래소에서는 종종 손짓으로 말을 대신해야 한다. 왜냐하면 끊임없이 여기저기서 큰 소리로 불러대는 엄청나게 많은 주문은, 솔직히 말해서 천둥처럼 견딜 수 없는 소음을 일으키기 때문이다. 이 주문들은 수많은 무리의 사람들이 급하게 큰 소리로 외치거나 손짓하는 광경과 합쳐져서, 거래소 홀의 윗층 관람석에 처음 올라간 사람에게는 놀라움과 불쾌감을 불러일으킨다.

거래소에서 체결되는 각각의 거래는 당연히 여러 가격으로 이루어진다. 종종 각 거래가 모두 서로 다른 가격으로 체결되기도 한다. 그렇지만 앞에서 논한 것처럼, 모든 **시장**은 본질적으로 다음과 같은 성격을 가진다. 즉 그 상이한 가격들은—매도자와 매수자가 바로 현장에 있기 때문에, 그리고 부르는 가격과 체결이 모든 사람이 들을 수 있는 정도로 공개적으로 이루어지고 또 매매를 원하는 사람들은 서로 경쟁하기 때문에—주어진 **순간**마다 언급할 만큼 서로 차이가 나지는 않는다. **시세 명세서**를 만들 수 있는 것은 이러한 사정에 기인한다. 그것의 대단한 중요성도 마찬가지로 이미 앞에서 언급했다. 어느 품목의 시세를 기록하는지는—그 성질상 변하지도 않고 새로 생겨나지도 않는 **상품**의 경우—거래소 규약에 따른 매매가 실제로 있는지 없는지에서 자연스럽게 드러난다.

이에 반해 새로운 **유가증권**은 주식회사의 설립, 채권 발행 등을 통해 계속 **만들어진다**. 이러한 유가증권에는 경우에 따라 꽤 의심스러운 것도 있기 때문에, 큰 거래소들은 모두 **공식적인** 시세표에 시세를 기재할 수 있는 것은 그 증권이 특별히 **상장 인가**를 받은 경우에 한한다는 규정을 갖고 있다. 아직도 선서 중개인이나 이와 비슷한 공식적인 중개자가 있는 곳에서는 보통 상장 인가를 받기 전에 그러한 증권의 거래를 중개해서는 안 된다. 증권의 상장 인가 요청은 보통 그 증권을 '발행하는' 하나 또는 여러 은행에서 나온다. 은행은 증권 발행자(즉 공채를 '기채起債하고' 싶은─말하자면 채무증서를 팔고 싶은─국가나, 주식회사를 세우고 싶어서 더 많은 참여자들을 필요로 하는 사람들의 단체)로부터 증권을 인수하는데, 이는 투자처를 찾는 일반 대중에게 '청약'하라고 공개적으로 권유해 그 증권을 처분하기 위해서다.

게다가 유가증권이 정식으로 공개 '발행되지' 않고 거래소에 소개되지 않은 채 은행가의 신문광고나 사적인 추천을 통해 일반 대중에게 퍼지는 일도 매우 자주 일어난다. 따라서 현재 여러 번에 걸쳐 재무 상태가 아주 나빴던 해외 금광 주식들이 독일 거래소를 피해서 '밀수입'되고 있다. 그러나 건실한 자본가들이라면 보통 언제라도 **독일** 거래소에서 독일 시세표가 나타내는 가격으로 팔 수 있는 증권만 사고자 할 것이다. 그러므로 거래소에의 상장 인가는 국민이 저축한 돈을 일반적으로 어느 증권에 투자하는지를 아는 데 아주 중요하다. 그래서 다음과 같은 요구가 당연히 제기되고 있다. 즉 이 문제에 대해 판결을 내리는 당국─보통은 선출된 거래소 위원회—은 이제까지는 대부분의 경우에 증권이 외견상 규정을 지켰는가만을 심사했는데, 증권의 '품질', 말하자면 발행자의 예상되는 지불 능력도 심사해야 한다는 것이다. 물론 너무 많이 기대해서는 안 된다. 국가의 지휘 감독이 아무리 포괄적이라도 그렇다. 독일은 아르헨티나의 공채에서 수억 마르크를 잃었다. 그래서 마침내 은행들이 나라가 분에 넘치게 빌려줬음을 깨닫고는 더 이상의 대부를 거절했을 때, 외무부는 정치적인 이유에서 은행들의 생각을 바꾸려고 애썼다. 특히 이러한 경우에 대해서는 종종 여러 해에 걸친 연구를 통해서만 현실적인 판단을 할 수 있을 것이다.

거래되거나 상장이 인가된 물건들의 시세 **결정 방식**은 다양하다. 때때로—미국에서는 그렇다—거래 당사자들이 알려주는 거래 가격은 모두 기록된다. 이 신고에는 특히 중매인들이 관심을 갖는다. 나중에 보겠지만, 이들은 기록된 가격에 근거해서 고객과의 대차 관계를 청산하기 때문이다. 그러나 대부분의 경우 보고자는 **중개인** 중에서 선발되며, 이 보고자는 거래된 시세를 거래소 직원에게 신고한다. 그러면 예를 들어—종종 일어나는 것처럼—거래소 영업시간이 시작할 때와 끝날 때 체결된 가격 이외에도, 영업시간 동안 체결된 가장 낮은 가격과 가장 높은 가격이 기록될 수 있다. 또는 제안된 매도 가격에 따라 얼마의 가격으로 해당 물건의 수량을 어느 정도 확실하게 살 수 있었는지, 또 한편으로 제안된 매수 가격에 따라 얼마의 가격으로 팔 수 있었는지를 확인하려고 한다. 그리고 거래 결과에 따라 그때마다 앞의 것은 공급('브리프') 가격으로, 나중의 것은 수요('겔트') 가격으로 기재한다. 이때 이 둘 모두를 기재하거나,

그 두 가격 중 하나를 거래가 어느 시세로 이루어졌는지를 나타내는 가격과 나란히 기재한다.[25]

거래소에서는 각각 체결되는 계약의 합의된 가격이 서로 다를 뿐만 아니라, 동일한 상품의 **가격 수준** 전체도 종종 여러 가지 이유에서 거래소 소재지에 따라 상당히 다르다. 예를 들어 프랑스가 러시아 상품을 독일보다 더 많이 수입해 그 값을 지불해야 한다면, 따라서 파리 거래소에서는 러시아 '앞' 어음이나 러시아 지폐에 대한 수입상들의 매입 수요가 비교적 베를린 거래소보다 더 많아진다. 그러면 파리에서는 러시아 지폐의 가격이 베를린보다 더 높아질 뿐만 아니라, 지불된 모든 가격의 평균도 분명히 다를 것이다. 그리고 러시아 지폐를 가능한 한 비싸게 팔 수 있는 일반적인 기회(전망)도 베를린보다 파리에서 더 유망할 것이다. 이렇게 해서 **장소에 따른** 가격 차이가 나타난다.

마찬가지로 일반적인 가격 수준에서는 동일한 거래소 소재지에서도 수많은 일반적인 원인들로 인해 **시간에 따른** 가격 차이가 나타난다. 다음과 같은 예를 들면 쉽게 이해할 수 있다. 즉 수확 직후에는 비축 곡물이 사방에서 큰 상업지로 밀려들어 오는데, 이때는 곡물에 대해서 높은 가격을 받을 기회가 비축 곡물이 부분적으로 소비되는 나중보다 일반적으로 아주 적을 수밖에 없다. 이와 마찬가

---

25 예를 들면 '249.5브리프. 248.75겔트—249지불'은 이 가격으로 거래가 체결되었다는 것을 의미한다. '249지불 브리프'는 이 가격으로 거래되었지만 아직 공급이 남아 있다는 것을 의미한다. 여기에서는 세세한 부분과 개별 사례(예를 들면 베를린에서의 시세 결정)를 자세히 논하기 어렵다.

지로, 예를 들면 러시아 상품에 대한 지불이 통상적으로 행해지는 시기에는 지폐 가격이 수요 증대로 인해 올라간다.

상품의 일반적인 가격 수준에서 끊임없이 다시 나타나는 지역과 시간상의 차이를 이용해 이익을 얻는 것이 **투기**의 목적이다. 투기는 증권 매매에만 고유한 상업 활동이라고 볼 수는 없지만 증권거래소에서 최고의 발전 수준에 도달했다. 특수한 방식의 가격 형성과 거래소 거래의 형식에서 투기는 결정적이다. 넓은 의미에서의 거래소 규약에 따른 투기는 거래소에서 유통되는 상품의 매수 가격과 매도 가격의 차이에 근거해서 이익을 얻으려는 상업 활동인데, 이 거래소 규약에 따른 투기는 다시 **재정거래**Arbitrage[26] — **장소에 따른** 가격 차이 이용 — 와 좁은 의미의 투기 — **시간에 따른** 가격 차이 이용 — 로 나눌 수 있다.

'재정거래인'은 어떤 상품을 특정한 순간에 비싸게 판매할 수 있는 곳에서는 그것을 팔고, 이와 **동시에** 싸게 얻을 수 있는 곳에서는 그것을 사서 자신의 이익을 추구한다. 따라서 그의 거래는 순전히 계산 문제이다. 그는 전화 앞에 서 있거나, 아니면 외국으로부터 보고나 판매 제안을 전보로 받는다. 그리고 예를 들어 러시아 앞 어음이나 러시아 지폐를 런던에서 사서 파리에서 팔면 이익을 얻을 가능성이 있다고 판단되면, 곧바로 그는 전화나 전보로 주문을 낸다. 이 경우 이익을 얻을 가능성은 본질적으로 장소에 따른 가격 차이

---

26 동일한 상품에 대해 두 시장에서 서로 가격이 다른 경우 가격이 싼 시장에서 그 상품을 산 다음 가격이 비싼 시장에서 그것을 팔아 이익을 얻고자 하는 거래(옮긴이 주).

를 **신속하게** 이용하는 데에서 생겨난다. 이때 재정 거래인은 외국에서 통용되는 화폐들을 서로 환산만 하는 것이 아니다. 그는 또한 지급 시 관례의 상이함, 이와 함께 지불해야 하는 이자, 수수료, 중개료에 대한 관례의 상이함도 기억해야 한다. 그리고 그는 이 상이함을 고려하면서 매우 빨리 계산해내야 한다. 그는 암산만으로 종종 아주 놀라운 일을 해야 하기 때문에, 그에게 거래는 이 세상에서 가장 많이 신경을 써야 하는 일 중 하나이다. 그 대신에 정확하게 계산하기만 하면, 그 밖의 위험은 전혀 없다. 다만, 적어도 거래액과 얻은 이익을 비교해볼 때, 그의 수익 기회가 상대적으로 적을 뿐이다.

좁은 의미의 투기일 경우 싸게 사는 것과 비싸게 파는 것이 **장소와 관련해서**가 아니라 **시간과 관련해서** 따로따로 행해진다. 투기자가 싸게 매수 계약을 맺는 이유는 그가 장래에—그가 기대한 대로 일반적인 살 기회와 팔 기회의 변화가 나타나면—비싸게 팔 수 있을 것이라고 기대하기 때문이다. 이미 여기에서 그의 거래는 단순한 계산 문제가 **아니라는** 것을 알 수 있다. 왜냐하면 그가 하는 일의 성과는 관련 상품의 일반적인 가격 수준이 기대한 대로 **변하는지에** 달려 있기 때문이다. 그러므로 투기자는 여기에 함께 작용할 수 있는 상황 전체를 고려해야 한다. 여름의 좋은 날씨는 그에게 가을의 풍작과 곡물 가격의 하락을 예상하게 한다. 외교 분쟁의 소문은 군사 강국들의 지폐나 채권을 소유하고 싶은 마음을 줄어들게 하기 때문에, 그런 나라들의 지폐나 채권 가격의 하락을 예상하게 한다. 러시아의 풍작에서 그는 대량의 곡물 수출을 추정하며, 따라서 그 지불에 필요한 러시아 화폐에 대한 많은 수요와 지폐 가격의 상승 등을 예상한다. 물론 특정한 상품이나 증권을 장래에 사거나 팔고 싶은 마음이 생기게 하는 데는 결국 수많은 사정이 영향을 미치는데, 이 수많은 사정 중 상당히 많은 부분이―그가 현재의 사정에 대해 아주 포괄적인 지식이 있더라도―그에게는 언제나 숨겨져 있을 수밖에 없다. 이런 한에서 장래의 기회로 이익을 얻으려는 시도에는 언제나 어느 정도의 우연적인 요소(도박적인 요소)가 들어 있다. 그러나 이것은 거래소 규약에 따른 투기가 모든 종류의 상업과 대체로 공유하는 부분이다.

이제는 투기가 이용되는 **거래 형식**에 우리의 주의를 돌려야 한다.

거래소에서 가장 기본적인 거래 형식은―증권매매에서는 '현물' 거래, 상품의 경우는 '현장'거래라고 불리는데―상품 인도에 대해 현금 지급으로 즉시 이행되는 매매계약이다. 당사자 중 한쪽이―독촉받았는데도 불구하고―제시간에 계약을 이행하지 않는다면, 그는 '계약 불이행자'가 된다. 그러면 규정에 따라서 상대방은 '일방적인 거래 중단' 권리를 갖는다. 즉 계약을 위반하지 않은 매수자는 해당 상품을 제삼자로부터 다른 방식으로 사도 되며, 계약을 위반하지 않은 매도자는 해당 상품을 다른 사람에게 팔아도 된다(이 경우에도 그들은 법과 관습에 따라 몇 가지 형식을 지켜야 한다). 그다음으로, 그들이 계약가격에 비해 불리하게 거래했다면 가격 차이에 따른 배상을 요구할 수 있다. 따라서 매수자는 계약을 제대로 이행하지 않은 자가 공급하겠다고 약속한 가격보다 더 비싸게 사야 했다면, 두 매수 가격 간의 차액을 요구할 수 있다. 계약을 위반하지 않은 매도자도 똑같이 할 수 있다. 상품이나 유가증권을 **보유하거나 사용하기**

위해 그것을 사고 싶어 하는 사람은 모두 당연히 이 간단한 거래 형식을 이용한다. 말하자면 구입한 증권을 자본 투자로 보유하고 싶어 하는 자본가나 그 자본가의 중매인, 곡물 제분업자, 원당이나 소모 섬유를 가공하는 제당업자나 소모 직물업자가 그들이다. 그러나 그것이 **투기**에 가장 적합한 거래 형식은 아니다.

　매우 단순한 몇몇 투기도 이 간단한 현금거래 형태로 할 수 있다. 어떤 사람은 수확 후 곡물을 살 때 현금을 지불하며 또 나중에 수요가 늘어날 것을 기대하고 곡물을 창고에 저장한다. 봄이 되면 현금을 받고 팔아 이익을 얻기 위해서다. 또 다른 사람은 어떤 이유에서든 수요가 늘어날 것으로 기대되는 러시아 지폐나 그 밖의 유가증권으로 똑같이 행동한다. 이러한 행위는 가장 간단한 형식의 투기적인 매매이다. 이런 행위는 항상 있어왔다. 과거의 모든 입법, 교회법 학자들(예를 들면 마르틴 루터)의 저작을 포함한 문헌들도 '매점하는 사람', '독점자'—이와 비슷한 투기적인 거래가 또 뭐라 불리든 간에—에 대한 비방으로 가득 차 있다.

　그러나—투기업자의 관점에서 보면—그러한 형식의 투기는 부족한 점들로 많이 얼룩져 있다. 나중에 팔려고 상품을 현금으로 사는 이 단순한 방식으로는 곡물, 지폐 등의 가격이 오르는 상황(거래소의 관례적인 표현으로는 '상승세')에만 투기할 수 있고, 그것들의 가격이 내리는 상황('하락세')에는 투기할 수 없다. 게다가 이 단순한 현금거래에서는 시장에 이미 있는 상품—현재 나와 있는 상품—에만 투기할 수 있고 선물(즉 앞으로 도착이 예상되는 상품, 지금은 아직도 바다에 떠 있거나 아직 줄기에서 자라고 있는 것)에는 투기할 수 없다. 각각의 투기거래를 **체결하기** 위해서는 실제로 존재하는 상품이 어느 정도 있을 필요가 있다. 이 때문에 가능한 투기거래의 횟수가 제한된다. 결국 나중에 가격이 오르면 시장에 가져가 팔기 위해 곡물 등을 매점하는 투기자는 상당한 자본을 이 저장물에 '장기투자해야' 한다. 그는 이 저장물을 팔아버릴 때까지 그 자본을 마음대로 사용할수 없기 때문이다. 따라서 그는 자본력이 상당한 사람이어야 한다. 이로 인해 투기에 참여할 수 있는 사람들의 범위가 좁게 한정된다.

그렇기 때문에 이 투기자의 위험—즉 **리스크**Risiko—역시 상당하다. 상품 비축량이 한정되고 투기적인 매매에 참여하는 사람들의 범위가 제한되어 있을 경우, 일정한 양의 저장된 상품에 대해서 구매자를 찾을 수 있을지 또 그 시기가 언제인지를 어느 정도 확실하게 헤아릴 수 있는지는 많은 부분이 우연에 달려 있기 때문이다. 게다가 비축물이 한정되어 있을 때 대규모 매점과 대량 매각이 서로 교대로 이루어지면, 가격 변동은 당연히 매우 심할 수밖에 없기 때문이다. 이 모든 위험 요소를 막을 수 있는 것은 다음과 같은 경우뿐이다. 첫째, 상당한 자기자본 없이 투기가 가능한 경우. 둘째, 똑같은 상품이나 똑같은 유가증권이 투기적인 거래의 체결에 한 번만이 아니라 여러 번 사용될 수 있는 경우. 셋째, 나중에 더 비싸게 팔기 위해서 가격 상승을 기대하며 투기 목적으로 살 뿐만 아니라, 나중에 더 싸게 사들이기 위해 가격 **하락**을 기대하며 투기 목적으로 팔 수도 있는 경우. 이 모두를 기술적으로 가장 완전하게 행하는 것이 세상에서 가장 발전한 거래소들에서 오늘날 투기매매 형태로 널리 행해지는 거래 형식, 즉 **선물거래**이다.

선물거래의 본질은 다음과 같은 점에 있다.

투기자는 상품을 **즉시** 수령해서 인도한다는 조건으로 현금을 지급하며 매매하지 않는다. 수령과 인도의 이행이 **장래**의 특정한 날, 예를 들면 정해진 날짜로 연기된다. 이 시점이 다가올 때까지는 양자(즉 매수자와 매도자)가 자신들에게 이익을 가져다주는 '계약'의 '실현'을 시도할 시간의 여유가 있다. 좀 더 자세히 설명하자면, 투기자('시세 상승을 예상한 투기자')는 구매 수요가 늘어날 것으로 기대하면서 기한을 정해 특정한 가격에 상품을 샀다. 그는—**인수**와 **지불**을 해야 하는 만기일까지—누군가에게 그 상품을 더 비싼 가격으로 똑같은 기한에 팔 수 있기를 기대하면서 그런 사람을 찾고 싶어 한다. 이와 반대로 다른 투기자('시세 하락을 예상한 투기자')는 상대적인 수요 **감소**를 기대하면서 기한을 정해 특정한 가격에 상품을 **팔았다.** 그는—현금 지불의 대가로 상품을 인도해야 하는 만기일이 다가오기 전에—제삼자로부터 그 상품을 **더 싼** 가격에 얻을 수 있다고 기대하기 때문이다. 그 두 사람은 모두 매수 가격과 매도 가격의 차액을 얻으려고 한다. 즉 선물 매수자는 오늘 체결한 매수와 장래에 체결될 매도 간의 차액을 얻으려고 하며, 선물 매도자는 오늘 체결된 매도와 장래에 체결될 매수 간의 차액을 얻으려고 한다.

추측컨대 이 거래 형식을 이용하면, 투기로 **살** 수 있을 뿐만 아니라 투기로 **팔** 수도 있다는 결론이 나온다. 그러니까 장래의 가격 **상승**을 예상해 투기할 수 있을 뿐만 아니라 장래의 가격 **하락**을 예상해서도 투기할 수 있다는 것이다. 이제 비축 곡물이 줄어드는 여름에는 가격이 오를 것으로 예측한 누군가가 여름에 이행해야 할 매수 계약을 수확 후에 맺고, 똑같은 기한에 더 비싸게 팔 수 있으므로 그는 그때까지 '비축하는' 것이 유리하다고 기대할 수 있다. 이뿐만이 아니라 여름에 풍작을 거둬 가을에는 가격이 하락할 것으로 기대한 누군가가 가을에는 이행해야 할 매도 계약을 맺고, 그때까지 더 싸게 구입해 이 계약을 '실현할' 생각을 할 수 있다.

게다가 선물거래에서는 투기자에게 필요한 자본이 훨씬 적다. 곡물 가격의 '상승세에' 투기하는 자는 더 이상 곡물의 현금 구입을 위해 오늘 막대한 금액을 지출할 필요가 없다. 그는—투기가 성공한다면—몇 달 후 곡물을 판 다음에야 그 막대한 금액을 회수한다. 그는 거래 계약을 맺을 때도 아직 아무것도 **하지** 않고, 상대방에게 단지 **장래의** 한 시점에 상품을 인수하고 돈을 지불하겠다고만 **약속한다**. 그의 투기가 성공하면, 그는 그때까지의 이익을 '실현한다'. 즉 그는 상품을 똑같은 기한에 다른 사람에게 더 비싸게 판 것이다. 그는 상품을 처음의 상대방에게서 인수해, 계속해서 이 상품을 그가 다시 팔았던 사람에게 넘겨준다. 이 사람은 그가 자신에게 판 가격을 그에게 지불한다. 그러면 그는 처음의 상대방에게 자신이 전에 그 상품을 산 가격을 지불한다. 그는 이 두 가격의 차액을 이익으로 갖는다. 선물 매수자의 투기가 **실패하면**, 다시 말해 가격이 내려가 인도 이행 만기일까지 그가 상대방에게 지불하겠다고 약속한 것보다 **더 비싼** 가격으로 인수할 사람을 찾지 못하면, 그는 **손해**를 실현할 수밖에 없을 것이다. 즉 그는 결국 더 낮은 가격으로 다시 팔지 않으면 안 될 것이다. 그리고 상품을 인수할 때 그는 자신에게 지불되는 대금에서 얼마를 이익으로 보유하기는커녕, 상대방에게 합의된 가격을 지불하기 위해 자신의 주머니에서 얼마를 더 꺼내지 않으면 안 될 것이다. 시세 하락을 예상해서 파는 투기자의 경우도 마찬가지이다. 그래서 투기자 자신이 필요로 하는 자본은 비교적 적은 규모에 불과하다.

사실 선물매매에서 중요한 것은 서로 계약을 맺는 두 투기자가 상대를 신뢰하면서, 상대방은 가격 추세가 불리해도 가격 **차이**에서 생겨나는 손실을 지불할 것이라고 생각한다는 점뿐이다. 왜냐하면 각자는 그 자신뿐만 아니라 상대방도 마찬가지로 언제나 계약을 시장에서 **실현할** 것이라고 (말하자면 동일한 기한에 똑같은 물건에 대해서 제삼자와 반대 매매계약을 맺을 수 있기 때문에, 인도해야 할 상품 **자체**를 만기일까지 저장할 필요나 구입 가격의 **전액** 지불을 위해 돈을 조달할 필요가 없을 것이라고) 가정하기 때문이다. 그러나 시세 상승을 예상한 투기자에게서 그가 산 상품을 특정한 기한에 매수자로서 인수할 용의가 있는 거래인과 매도자로서 시세 하락을 예상한 투기자가 인도해야 하는 상품을 해당 기한에 매도자로서 인도할 용의가 있는 거래인, 이러한 거래인들을 **언제라도** 시장에서 찾을 가능성이 실제로 보장되기 위한 하나의 전제 조건이 있다. 중요한 것은 상품이나 증권의 종류나 그 금액이 아니다. 또 각자가 자신의 형편에 따라 정하는 인도 기한도 아니다. 한 투기자가 다른 투기자에게서 예를 들어 원면을—가격은 1,223마르크 76페니히이고, 합의된 품질은 여러 가지이며, 특정한 날짜에 인도하고 지불할 수 있다는 식으로—사고자 한다면, 매수자는 그러한 품질의 바로 그러한 양을 바로 같은 날 자신에게서 다시 인수할 용의가 있는 누군가를 찾지 못할 가능성이 아주 높다. 또 매도자는 바로 그 상품을 그날 자신에게 넘겨줄 누군 가를 찾지 못할 가능성이 아주 높다. 양쪽이 그것을 기대할 수 있으 려면, 선물거래 계약은 오히려 계속해서 대량으로 거래되는 상품(즉 바로 합의된 양과—상품의 경우—품질로 거래되는 상품)에 대해서 맺어져 야 한다. 계약 기한도 거래소에서 대량의 매매계약이 언제나 지켜지 듯이 정확히 이행되어야 한다.

거래소 관습('상관습Usancen')은 그렇게 되도록 신경을 쓴다. 이 관 습을 따를 때만 거래소에서 선물거래 계약이 체결된다. 선물거래 때 제공되어야 하는 (상품의) **품질**은 거래소 관습에 의해 확실하게 정해 져 있다.[27] 게다가 (증권이나 상품의) 선물거래 계약이 얼마만큼의 **수 량**으로, 또는 그 몇 배로 체결되든지 간에, 소위 체결 단위는 고정되 어 있다.[28] 이 체결 단위에 대해서는 이미 말한 바 있다. 마지막으로 선물거래하고만 관계있는 **계약이행 시점**('기한')과 이행 방식에 대한 모든 개별적인 조건이나 규칙도 확실하게 정해져 있다.[29] 따라서 거 래소에서 그때마다 체결되는 모든 선물거래는 혼동될 정도로 서로 비슷하다. 다음과 같은 점들, 즉 1. 매수자의 인물과 매도자의 인물, 2. 약정된 가격, 3. 허용된 기한 중에서 당사자들이 선택한 계약이행 시점, 4. 체결 단위가 요구한 수량 속에 포함되는 횟수를 제외한다

---

27 예를 들면 함부르크의 커피 선물매매는 '굿 애버리지 산토스' 커피, 즉 특정한 품질의 브라질 커피를 대상으로 한다.
28 예를 들면 특정한 품질의 커피 500자루나 그 배수(1,000자루, 1,500자루) 또는 1만 루블 화 지폐나 그 배수로 고정되어 있다.
29 예를 들면 울티모Ultimo(그달의 말일)로만 제한되어 있다. 이에 대해서는 뒤를 보라.

면 말이다.

이처럼 완전히 똑같은 종류의 매매계약이 끊임없이 매일매일 거래소에서 체결되기 때문에, 투기자가 언제라도 계약을 '실현할' 수 있는 확률(즉 그가 특정한 종류와 수량의 상품을 특정한 기한으로 샀을 때, 그것을 똑같은 기한 안에 다시 팔 수 있는 확률)이 분명히 엄청나게 올라간다. 선물매매의 마지막 특징은 이와 관계가 있다. 국외자에게는 이 특징이 제일 먼저 눈에 들어올 것이다. 그것은 거래 규모가 시장에 '실제로' 있는 비축품의 양을 크게 넘어선다는 사실이다. 이 점을 이해하기 위해서는, 우선 선물거래 이행('청산')의 형식과 방식에 깊은 관심을 기울여야 한다. 이때 상품 선물거래와 증권 선물거래를 구분해야 한다.

상품 선물거래에서는 장래의 특정한 기간 내에 시장에 도착한다고 기대되는 상품이 팔린다—이것이 거래가 생겨나는 데 그 근거가 되는 기본 사상이다—. 따라서 사실상 일반적인 상품 선물거래의 형식에서는 계약이행 **기한**(예를 들면 1~2개월) **내에** 상품을 인도해야 하고, 이를 위해서는 상품이 도착하면 매수자에게 인수하라고 **통지해야** 한다. 이제 매수자가 구매 대금을 즉시 지불하고 인수하지 않으면, 그는 '계약 불이행자'가 된다. 그러면 매도자는 그 상품을 다른 사람에게 현금을 받고 판다. 이때 더 낮은 가격을 받게 되면, 그는 계약을 위반한 매수자로부터 차액을 배상받을 수 있다. 그렇지만 매도자가 기간이 끝날 때까지 통지하지 않으면, 그가 계약을 위반한 것이 된다. 그러면 매수자가 이에 알맞게 처리한다.

그렇지만 매수자는 그가 인수해야 할 상품을 같은 기한에 다른 사람에게 **다시** 파는 것이 통례이다. 이 경우 매수자는 다시 **자신의** 매수자에게 상품을 인수하라고 알린다. 그리고 이 매수자는 경우에 따라서는 다시 자신의 매수자에게 똑같이 한다. 이런 식으로 계속된다. 따라서 일련의 사람들이 각각 상품을 이전의 소유자에게서 샀으며, 그것을 다음 사람에게 다시 팔았다. 그동안에 통지가 이들을 통해서 죽 전해진다.

예를 들어, 7월에 1,000톤의 밀이 A에게서 B에게로 톤당 150마르크에 '10월 만기로' 팔렸다고 해보자. 매도자 A는 밀 수입업자라고 가정하자. 이 밀 수입업자는 7월에 아르헨티나에서 싼 가격으로 거의 같은 양의 밀을 샀다. 밀은 가을에 도착할 예정이다. 그만 한 양의 밀은—수입업자에게 발생하는 여러 운임이나 그 밖의 비용을 고려할 경우—그의 계산에 따르면 톤당 150마르크에 팔아도 이익이 발생한다. 밀이 도착하는 10월에 수확이 예상보다 많을 것으로 나타나면, 150마르크에 사는 사람은 더 이상 없고 아마도 140마르크에 사는 사람만 있을 것이다. 그러면 A는 손실을 감수하더라도 **즉시** 150마르크에 팔아버린다. 이 150마르크는 어떤 이유에서든 가을에 밀 가격이 오를 것으로 기대한 투기자 B가 지금 그에게 제시하는 가격이다. 투기자 B 자신은 10월 만기로 톤당 151마르크를 지불할 용의가 있는 매수자 C에게 지금 8월에 밀을 판다. B는 자신이 밀을 나중에 더 비싸게 처분할 수 있을지 의심스러워졌기 때문이다. C 자신은 아마도 이미 오래전에—예를 들면 5월에—밀 가격의 하락세를 예상해 투기하고는 D에게 1,000톤의 밀을 10월 만기로 톤당 149마르크에 판 투기자일 것이다. C는 가을까지는 수확 전망이—

그가 기대한 대로—좋아져 아르헨티나로부터의 대량의 곡물 수출이 예상되어, 수입업자에게서 밀을 149마르크보다 더 싼 가격에 10월 만기로 사면 이익을 얻을 수 있을 것이라고 기대했기 때문이다. 그러나 가격이 7월에는 약 150마르크, 8월에는 약 151마르크로 올랐기 때문에, 지금은 가격이 10월까지 계속해서 오를 것이라는 걱정이 그를 사로잡고 있다. 그러면 결국 그는 10월에 D에게 인도해야 할 밀을 비정상적으로 아주 비싼 가격에 사게 돼 막대한 손실을 보지 않을 수 없다. 따라서 C는 차라리 지금 '팔아서 현금화해' 손실을 줄이는 쪽을 선호한다. 마지막으로, C에게서 5월에 10월 만기로 톤당 149마르크에 밀을 산 D는 예를 들면 대★제분업자 E의 중매인일 수 있다. E는 가을이 되면 매우 싸다고 생각되는 이 가격으로 봄에 밀을 살 수 있었다. 그는 겨울에 제분할 밀을 10월 만기의 선물계약 체결로 확보했다. 그는 이렇게 해서—자신이 우려한 대로—밀 가격이 나중에 올라갈 경우에 더 비싸게 주고 사야 할 위험과 나중에 밀가루를 팔 때 이익이 줄어들 위험을 피한다.

이렇게 참여자들(A, B, C, D, E)의 아주 상이한 이해관계나 기대의 영향하에서 일련의 매도와 매수가 펼쳐지는데, 매도와 매수는 언제나 서로 연결되어 있다. 이제 10월이 된다. 어느 날 A가 산 밀이 도착한다. 그다음에는 A가 B에게 밀을 인수하라고 '통지'한다. A는 B에게 일반적으로 정해진 서식 용지, 즉 '고지 증명서'가 첨부된 간단한 통지서를 송달한다. B는 이 증명서에 서명하고 그것을 C에게 알리고는 넘겨준다. C는 다시 D에게 통지한다. D는 주문자 E에게 도착한 수량을 중매인에게 통지했으며 그것을 인도할 수 있게 되었다고 알린다.

지금 거래소에 등장하는 이해관계자 네 명 A, B, C, D 간의 일련의 계약을 청산하는 일(사정에 따라서는 20명 이상의 손을 거쳐 고지 증명서가 전달되는 경우도 있다)은 흔히 다음과 같이 단순화된다. (1) 실제 상품을—우리 예의 경우—A에서 B로, B에서 C로, C에서 D로 세 번 넘겨주는 대신에, 인도가 '마지막 매도자' A에서 **직접** '마지막 매수자' D로 이뤄진다. 따라서 A는 (상품을 더 이상 팔지 않았기 때문에) 고지 증명서를 마지막으로 갖는 자에게 상품을 인도하게 된다. (2) 마찬가지로 우리의 예에서 이루어지는 세 번의 지불(B에서 A로의 15만 마르크, C에서 B로의 15만 1,000마르크, D에서 C로의 14만 9,000마르크)도 가능하면 하지 않으려고 한다. 이를 위해 거래소에서는 선물로 거래되는 각종의 상품에 대해 매일 소위 '청산 시세' 또는 '고지 가격'을 정하는데, 상품에 대해 해당 일에 평균적으로 지불되는 가격 수준에서 대략 결정되곤 한다. **이 가격**은—상품을 인수할 때—'마지막 매수자' D가 '마지막 매도자' A에게 지불한다. 그리고 일련의 통지와 관련된 나머지 모든 사람은 그들이 각각 사거나 판 가격과 '청산 시세' 간의 차액을 서로 주고받는다.

다시 우리의 예로 돌아가서 청산이 10월 11일에 행해졌다고 가정해보자. 이날 청산을 위임받은 거래소 직원은 그날 해당 품질의 밀에 대해 체결된 현장거래를 보고 톤당 152마르크를 해약 고지 가격으로 결정했다. 이 경우 청산은 다음과 같이 이뤄진다. A는 1,000톤을 B가 아니라 D에게 인도하고, D로부터 15만 2,000마르크를 지불받는다. 그러면 A는 B가 그에게 약속한 것보다 2,000마르크(즉 15만 2,000마르크와 15만 마르크의 차액)를 더 받게 된다. 따라서 A는 이 금액을 B에게 지불해야 한다. D 자신은 그가 C에게 지불할 의무가 있는 것보다 3,000마르크(즉 15만 2,000마르크와 14만 9,000마르크 간의 차액)를 A에게 더 지불했다. 그는 이 3,000마르크를 C로부터 돌려받는다. 이렇게 해서 A와 D는 그들이 당연히 받을 것을 받게 된다. B는 C에게 톤당 151마르크에 팔았는데 청산 시세는 152마르크이다. 따라서 그는 C에게 톤당 1마르크, 모두 합쳐 1,000마르크를 지불한다. 이렇게 해서 B는 15만 마르크에 사서 15만 1,000마르크에 팔았기 때문에 1,000마르크를 벌었다. 즉, B는 A가 자신에게 지불한 2,000마르크에서 B가 C에게 다시 지불한 1,000마르크를 제하면, 그는 자신의 수중에 남은 1,000마르크를 성과로서 갖게 된다. C는 15만 1,000마르크에 사서 14만 9,000마르크에 팔았기 때문에 2,000마르크를 잃었다. 그는 3,000마르크를 D에게 지불했으며 B로부터 1,000마르크를 받았다. 따라서 그에게는—그의 계산대로—2,000마르크의 손실이 남는다. 중매인 D 자신은 주문자인 제분업자 E에게서 14만 9,000마르크를 상품 인도의 대가로 받고, 그 외에도 그의 노력에 대해 약속한 수수료를 받는다.

위에서 본 바와 같이, 우리의 예에서는 밀 1,000톤이라는 **하나의** 양이 밀 1,000톤에 대한 세 개의 선물계약을 청산하는 데 쓰였다. 또한 15만 2,000마르크라는 한 번의 고지 가격 지불과 2,000마르크, 3,000마르크, 1,000마르크라는 세 번의 차액 지불을 통해 15만 마르크, 15만 1,000마르크, 14만 9,000마르크의 구입 채무가 상환되었다. 그러나 하나의 고지 증명서는 종종 우리의 예보다 훨씬 더 많은 사람의 손을 거치기 때문에, 그리고 매우 많은 경우 금전 채무는 현금 지불을 통해서 생겨나기보다 관련 거래인들의 예금액(구좌)이 있는 큰 은행의 장부에서 한 구좌에서 다른 구좌로 바꿔 쓰는 방식으로 생겨나기 때문에, '실제' 상품과 현금의 절약은 매우 중요하다.

증권의 선물거래 청산도 본질적으로는 똑같은 방식으로 진행된다. 증권의 경우, 우리 나라에서 가장 관행적인 선물거래 형식은 '월말 만기' 거래, 즉 그달 말일에 인도와 지불이 이행되는 매매이다. 매달 말일에는 각각의 증권에 대해 많은 사람들 사이에서 매우 많은 수의 인도 의무가 이행되지 않으면 안 된다. 그리고 매우 많은 투기자는 모두 자신들이 투기한 증권에 대해 다수의 사람들에게 인도 의무 또는 인수 의무가 있다. 그들은 경우에 따라서는 한 사람에게서 일정한 상품량을 월말 만기로 사서, 가격이 오르면 그것을 월말 만기로 다른 사람에게 판다. 이러한 매수 의무와 매도 의무의 연쇄를 청산하기 위해, 월말에 그들은 상품거래에서 사용되는 것과 비슷한 방식을 사용할 수 있다. 즉 증권 소유자는 증권을 월말 만기로 팔고, 매수자에게 인도 전표를 송달한다. 매수자는 이것을 매도자로서 다음의 매수자에게 보낸다. 전표가 '마지막 사람'의 손에 들어갈 때까지, 이런 식으로 계속된다. 이 사람은 증권을 보유하고 싶어서, 월말에 결정되는 청산 시세로 증권을 인수한다. 차액은 이 청산 시세에 근거해 당사자들 사이에서 주고받는다. 지금까지 런던에서는 그랬다.

그렇지 않으면—대륙의 거래소에서는 대부분의 경우 이렇다—

모든 투기자의 채무 전체는 소위 '공동 정산소'나 '청산 사무소'에서 다음과 같이 간단하게 처리('청산')된다. 이를 위해 거래소에 설치된 사무소는 선물매매에 참여하는 모든 관계자에게 각 증권의 매매 명세서를 제출하도록 한다. 사무소는 각자가 **판** 것보다 얼마를 더 **샀는지** 또는 그 반대인지를 모두에게 확인한다. 이어서 사무소는 **판** 것보다 더 많은 특정한 양의 증권을 **샀기** 때문에 그만큼을 보유해야 하는 사람을, 그 증권을 **산** 것보다 더 많이 **팔았기** 때문에 초과분을 제공해야 하는 다른 사람(한 명이든 여러 명이든 간에)에게 지정해준다. 이렇게 해서 서로 '마지막 사람'으로 지정된 자들은 청산을 위해 매달 말일에 증권거래소에서 정해진 소위 '청산 시세'를 지불하며 해당 증권을 주고받는다. 그리고 투기자들은 청산 목적에만 쓰이는 시세와 이 투기자들이 서로 선물계약을 맺은 가격 간의 차액을 앞에서 서술한 방식으로 서로 지불한다.

지금까지 우리는 다음과 같이 가정했다. 선물거래에서 매수자와 매도자는 (매수자로서는 상품을 보유하려고 하지 않는 한, 또는 매도자로서는 자신의 창고에서 꺼내 인도하려고 하지 않거나 자기 손으로 거래소에 갖고 가고 싶지 않은 한) 만기일이 다가오면 이익이든 손해든 **실현**—반대매매계약을 체결해서—하며 이렇게 해서 해당 투기를 끝낸다. 그러나 항상 그런 것은 아니다. 투기적인 매수자(시세 상승을 예상한 투기자)는—계약이행의 만기일이 다가와도—투기를 끝내려고 하지 않을 수 있다. 지금 가격이 내려갔기 때문이거나, 예상한 만큼 많이 오르지 않아 그가 손해를 보았거나 이익이 충분하지 않기 때문이다. 그리고 다른 한편으로 그는 어떤 이유에서든 구매 수요가 장래에

(예를 들면 다음 달에) 늘어나면, 그는 자신이 산 상품이나 증권을 더 유리하게 또는 이익이 더 많은 가격으로 팔 기회를 얻게 될 것이라고 추측하기 때문이다.

투기적인 매도자(시세 하락을 예상한 투기자)에게도 똑같은 일이 일어날 수 있다. 그는 장래에 싸게 살 기회나, 만기일까지 찾아낸 것보다 더 싸게 살 기회를 기대한다. 이 경우 해당 투기자들은 해당 만기일에 매도 계약이나 매수 계약을 체결해 최종적으로 실현하지 **않는다**. 오히려 그들은 거래소 용어로 '**연장**'이라고 불리는 수단을 사용한다. 말하자면 투기자는 상품과 증권을 대량으로 처리하는 자본가들을 찾는다. 이 자본가들은 매수자(시세 상승을 예상한 투기자)에게는 그가 산 증권을 내주는 대가로 돈(즉 매입한 증권이나 상품을 인수하고 그 값을 지불하는 데 필요한 돈)을 **빌려줄** 용의가 있으며, 아울러 돈을 상환하는 대가로 바로 **다음** 만기일에 같은 수량의 증권이나 상품을 매수자에게 돌려줄 용의도 있다. 그리고 이 자본가들은 마찬가지로 매도자(시세 하락을 예상한 투기자)에게는—바로 다음 만기일에 같은 수량의 증권이나 상품을 반환하는 대가로 그에게 돈을 다시 돌려준다는 약속과 함께—증권이나 상품을—그는 이것들을 팔았기 때문에 양도해야 한다—돈을 받고 빌려줄 용의가 있다. 따라서 시세 상승을 예상한 투기자는 상품이나 증권을 자본가에게 인도하고, 자본가에게서 빌린 돈으로 그 가격을 지불한다. 반면에 시세 하락을 예상한 투기자는 상품이나 증권을 팔고 받은 대금 중에서 자본가에게 돈을 지불하고, 자본가에게서 빌린 증권이나 상품을 인도한다.

이렇게 해서 투기자는 지금부터는 매수자라면 더 유리한 가격으로 인수할 사람을 찾기 위해서, 매도자라면 증권이나 상품을 더 싸게 매입하기 위해서 다음 만기일까지—예를 들면 증권의 경우에는 다음 달 말일까지—유예기간을 얻는다. 이것이 성공한다면, 시세 상승을 예상한 투기자는 이제 바로 다음 만기일에 상품이나 증권을 자본가로부터 돌려받을 수 있으며, 시세 하락을 예상한 투기자는 돈을 자본가로부터 돌려받을 수 있다. 이렇게 해서 그들은 현금화 거래를 이행한다. 시세 상승을 예상한 투기자는 그가 받은 대금으로 자본가에게 빌린 돈을 갚으며, 시세 하락을 예상한 투기자의 경우 상품이나 증권의 형태로 자신에게 제공된 대부를 매입한 상품이나 증권으로 갚는다.

신용이 없는 투기자들은 경우에 따라서는 그들이 빌린 돈이나 상품 및 증권을 상환할 능력이 있다는 것을 보증하기 위해 담보를 제공하지 않으면 안 된다. 자본가들의 경우, 이들은 두 만기일 사이의 기간 동안 증권이나 상품을 내주는 대가로 돈을 빌려주기도 하고, 반대로 돈을 내주는 대가로 상품이나 증권을 빌려주기도 한다. 그들은 이른바 이 **결제 기일 연장 거래**를 매우 편리하고 위험이 없는 자본 투자 형식으로 이용한다. 왜냐하면 물론 투기자들은 자신들에게 주어진 신용에 대하여 이자—소위 '결제 기일 연장 이자'—지급으로 사례해야 하기 때문이다. 만기일에 돈을 건네주고 그 대가로 상품이나 증권을 받는 자는 '선물거래에서 결제 기일을 연장하는 투자자Hereinnehmer'라고 불리며, 만기일에 돈을 받고 상품이나 증권을 건네주는 자는 '선물거래에서 결제 기일이 연장된 투자자Hereingeber'라고 불린다. 전자가 받는 특별한 보수는 '거래유예금'

이라고 불리며, 후자가 받는 것은 '인수유예금'이라고 불린다.[30] '지불 기한 연장 이자율'은 종종 매우 높다. 이것은 예를 들면 높은 가격에서의 대량적인 투기적인 매수로 인해 가격 동향의 일방적인 추세가 나타났을 때 특히 그렇다. 그런 상황에서 매우 많은 수의 투기자들은 그들의 계약을 연장하고 싶어 할 것이다. 이러한 가격으로는 그들이 현금화하지 않거나, 아니면 그들은 그 이상의 가격 동향을 기대하기 때문이다. 이 경우 자본은 투기자들에게서 종종 엄청난 양의 돈을 뜯어낸다.

이 메커니즘 전체를 두루 살펴보면, 우선 한 가지 사실이 눈에 들어온다. 즉 선물거래의 **형식** 자체에서 이 거래의 비현실성과 '도박 성격'을 추론해낼 수 있다는 견해는 틀렸다. 부인할 수 없는 것은 (앞서 언급한 예에서는) 곡물 수입업자 A도, 중매인 D와 거래 계약을 맺은 제분업자 E도 완전히 실제적인 목적(장래를 위해 일정한 가격을 확보하는 것)을 선물거래를 통해 추구했다는 사실이다. 회사 경영이 예측할 수 없는 가격 변동의 영향에 휘둘릴 뿐만 아니라 안정된 수익 예상('계산') 기반도 없애고 우연적인 기회에 의존한다면, 자본이 아주 튼튼한 회사가 아닌 경우에 이는 직접적인 불안정성의 원인이 될 수 있다. 이는 결코 특수한 경우가 아니다. 예를 들면 러시아 지폐의 가격 변동이 심할 때 러시아에 상품을 주문하기 때문에 장래에 루

---

30 계약가격 이외에도 소위 '보충 이자'[매도 기일까지 지불해야 할 유가증권의 이자]의 상환에 대한 각 상관습에 따른 개별 계산의 복잡한 기초는 여기에서는 생략하지 않을 수 없다. 그 밖의 모든 세부 사항도 마찬가지이다.

블화 지폐로 지불해야 하는 사람, 또는 러시아로부터 상품 주문을 받기 때문에 루블화 지폐로 장래의 지불을 약속받는 사람은 종종 전혀 예측할 수 없는 위험을 겪게 된다. 나중에 이 루블화 지폐를 마르크로 환산하면 얼마의 가격으로 사거나 팔 수 있다고 기대하겠지만 이런 경우에는 안정된 거래가 이뤄질 수 없다. 이 전적으로 불확실한 요소를 없앨 수 있는 경우는 그가 이미 자신의 러시아 고객과 계약을 맺는 그 순간에 계약이행 시점을 고려해 루블화의 **현재** 가격을 보장할 때뿐이다. 그 사이에 그는 나중에 지불하거나 지불받아야 할 해당액의 루블화를 장래의 적절한 기한에 사거나 판다.

앞선 예의 B나 C처럼 **동일한** 기한에 사거나 파는 자의 경우에는, 어쨌든 그 어떤 **다른** 실제적인 영업 목적과는 상관없이 순전히 가격 등락에 투기하는 것만이 중요하다고 생각할 수 있을 것이다. 그러나 이것 역시 틀렸다. 예를 들면 한 제분업자가 제분하기 위해 현금을 주고 대량의 곡물을 '현물로' 샀다고 해보자. 그가 제분하는 동안에 곡물 가격이 하락하는 위험을 겪을 경우, 이는 당연히 또 다시 밀가루 가격에 아주 빠르게 작용한다. 게다가 빠르게 작용하는 경우가 자주 있기 때문에, 비축 곡물로 만든 밀가루를 파는 제분업자는 손실을 입게 될 것이다. 이 손실을 막기 위해, 그는 곡물을 구입할 때와 마찬가지로 자신이 시장에 밀가루를 가지고 가고 싶은 시점을 택해 곡물을 선물로 판다. 지금 곡물 가격이 **내려가면**, 그는 자신의 밀가루를 밑지고 판다. 그러나 그는 그만큼을 다시 번다. 그는 선물로 판 곡물을 그만큼 더 싸게 사기 때문이다. 곡물 가격이 오르면, 선물거래는—그는 더 비싸게 사서 이 거래를 메워야 하기 때문

86

에―손실을 가져온다. 그 대신에 그는 밀가루 가격의 상승 덕분에 돈을 번다.

이처럼 여기에는 처음부터 일정한 의도―자신의 비축물에서 인도하는 것이 아니라 **어쨌든** 반대 매매를 통해서만 이행한다는 의도―가 있고, 따라서 **차액**을 노리고 있지만, 거래 목적은 따로 있다. 바로 가격 변동 위험에 대한 보험이다. 이것이 확실히 최고로 실제적이며 안정된 목적이다. 선물거래 형식으로 행해지는 이 보험을 들지 않으면 든든하지 않을 것이다. 이는 우리가 화재 보험을 들지 않으면 든든하지 않은 것과 같다. 이러한 예는 얼마든지 있다. 거래의 성격을 결정하는 것은 (선물)거래 계약 체결이나 (반대 매매와 차액 지불을 통한) 거래 이행의 외적인 성격이 아니라 내적인 경제 목적인 것 같다. 그렇지만 이 내적인 경제 목적은 각각의 거래로는 알아차릴 수 없다. 차액 이익만을 노리는 순수한 '증권 투기꾼Jobber' 거래로의 이행은 점진적이며 눈에 띄지 않는다.

오직 차액 이익만을 노리는 순전히 직업적인 선물 매수와 선물 매도도 주식거래에서 오래전부터 불가결했던 기능(**중개업**)과 연결되어 있기 때문에 더욱 그렇다. 중개인의 지위에 대해서는 앞에서 말했다. 그 지위는 본질적으로 여전히 똑같지만, 그것을 행사하는 방식은 근본적으로 변했다. 과거의 중개인은 받은 주문에 따라 주문자의 조건에 동의할 용의가 있는 상대방을 찾은 다음 그 당사자들을 연결시키고 계약을 맺은 후 '매매계약서'를 작성해 이 계약서를 교부한 대가로 '중개료'를 받는 사람이었다. 이러한 중개인은 오늘날의 투기적인 거래에는 더 이상 쓸모가 없다.

상품을 시장에서 사거나 팔 수 있는 가격은 종종 몇 분 만에도 바뀐다. 거래에서 시간이 더 소중해졌다. 주문자는 12시 15분에 중개인에게 100루블당 211마르크의 시세로 월말 만기로 10만 루블을 팔아달라고 부탁한다. 주문자는 이 가격의 인수자가 있는지를 중개인이 두 시간 후에 알려주겠다고 약속하는 것에 만족할 수 없다. 왜냐하면 이 두 시간 사이에 모든 것이 변할 수 있기 때문이다. 오히려 주문자는 시장을 잘 아는 중개인에게 루블화를 이 가격으로 구해줄 수 있는지를 즉시 말해달라고 요구한다. 수익을 잃고 싶지 않다면, 중개인은 즉시 자신의 생각을 말해야 한다. 따라서 요구받은 가격을 받을 수 있다고 생각한다면, 중개인은 '자신에게 위탁한다는 조건으로' 그 가격에 임무를 확실하게 맡는다. 이제 그는 상대방을 찾아서 주문자에게 이 상대방을 알려준다('통지한다'). 그 가격으로 살 사람은 전혀 없고 더 낮은 가격으로 살 사람만 있다면, 중개인은 좋든 싫든 그 자신이 결손액을 출연하지 않으면 안 된다. 따라서 중개인은—반대로 그가 위탁받은 것보다 주문자에게 더 유리한(우리의 예에서는 더 높은) 가격으로 살 상대방을 찾는 데 성공한다면—그 차액을 자신이 갖지 못할 이유가 없다. 이렇게 해서 방금 서술한 이 '위탁 중개인'에서 아주 자연스럽게 '자영 중개인' 신분이 생겨났다.

이 자영 중개인은 일반적으로 더 이상 두 당사자 사이에서 계약 체결을 **중개하는** 것이 아니라, **그 자신**이 한쪽에서 사서 다른 쪽에게 판다. 그래서 그는 예전처럼 '중개료'에서 수익을 구하지 않고 두 가격의 차이에서 수익을 구한다. 런던의 자영 중개인은 그가 해당 순간에 얼마의 가격에 사서 얼마의 가격에 파는지를 묻는 모든 이에게 말해준다. 그의 기술은 가능한 한 시장 상황에 대한 정확한 지식을 기초로 해서 두 가격을 정하는 것이다. 이는 그가 한쪽으로부터 어느 한 가격에 사서, 최대한 빨리 다른 쪽에게 다른 가격에 다시 팔 수 있기 위해서다(그 역도 마찬가지이다). 물론 항상 성공하는 것은 아니다.

이 자영 중개인이 아직도 흔히 '중개인'이라고 불리고 또 그가 진정한 의미의 '투기자'와 구분된다면, 이는 그가 가능한 한 다른 쪽에게 곧바로 다시 양도할 수 있는 계약만 떠맡기—따라서 그가 바로 현재의 공급과 현재의 수요 사이에서만 경제학적으로 계산해 '중개'할 뿐이며, 공급과 수요의 장래 변화에 의한 시세 이익에는 '투기하지' 않기—때문이다. 그렇지만 이 둘은 자연스레 서로 겹친다. 누구도 '자영 중개인'이 '투기하는 것'을 막을 수는 없다. 실제로 그는 기회가 있으면 그렇게 한다. 어디까지가 오늘날의 거래에서도 대부분의 경우 없어서는 안 되는 중개인 활동이고, 어디서부터가 단순한 차액 투기인지는 누구도 말할 수 없다. 각각의 선물거래가 중개인 활동인지 차액 투기인지는 당연히 더더욱 알아차릴 수 없다.[31]

지금까지 말한 것에서 거래소의 투기적인 거래는 시세가 특정한

---

31 지면이 부족하기 때문에 투기거래의 여러 부차적인 형식—'특권거래'[상대방에게 위약금이나 해약금을 치르는 조건으로 일방적인 해약을 할 수 있는 거래], '복합선택권부거래'[특정 주식을 일정 기일에 약정가격으로 매각하거나 매입하는 선택권 중 어느 한쪽을 선택할 수 있는 거래], '배증 거래'[특권거래의 일종]—은 다룰 수 없다. 그것들은 모두 아주 특정한—그 자체로 매우 실제적인—거래 목적과 관련되어 있다. 그렇지만 그것들이 무모한 도박에 자주 오용된다는 사실은 부인할 수 없다.

가격 이상으로 오르느냐 아니면 특정한 가격 이하로 내리느냐에 대한 일종의 내기라는 생각이 틀렸다는 사실을 알 수 있다. 다시 말하면 두 투기자가 특정한 날 해당 시세로 가상假想의 매수 계약을 맺을 때 시세가 그 가격 이상으로 올라갔느냐 아니면 그 이하로 내려갔느냐에 따라서 그 둘 중의 한 투기자가 내기 대상으로 삼은 차액을 지불하는 형식으로 이루어지는 내기라는 생각은 틀렸다. 그러한 거래는 거래소가 아니라 예를 들면 미국의 술집에서도 행해지고 있다. 이곳에서는 전광판에 거래소 거래 시간 동안 시세 상태가 표시되는데, 표시기가 어느 방향으로 움직이는가에 돈을 걸며 내기를 한다. 게다가 다음과 같은 사실이 드러난다. 즉 일반적으로 거래소에서는 각각의 거래로는 이 거래가 결국 반대 매매를 통해서, 나아가서는 차액 지불을 통해서 처리되는지, 아니면 상품 자체의 인수와 대금 전액 지불을 통해서 처리되는지를 알 수 없다는 것이다. 마지막으로, '현물' 인수가 아니라 단지 반대 매매로만 현금화하려는 의도가—우리 예의 제분업자처럼—의심할 바 없이 확고할 때도, 그것만으로는 해당 거래에 오명을 씌우기에 결코 충분하지 않다.

게다가 거래소에서는 '결코 존재하지 않는' 상품의 매매가 끊임없이 이루어진다고 주장하면서 다음과 같이 추론한다면, 그것이 어떤 의미에서 옳은지도 잘 알 수 있다. 어느 한 기한에 산 상품량을 합산하면, 이 양은 시장에 나와 있는 것보다 더 많으며, 때로는 그 상품(예를 들면 어느 한 증권)이 실제로 존재하는 총량보다 더 많다. 앞에서 언급한 1,000톤의 밀가루가 20명의 손을 거친다고 가정해보자. 20번에 걸쳐 거래된 밀가루의 총합은 2만 톤이지만, 이 2만 톤

거래의 기초는 1,000톤일 뿐이다. 물론 거래소 거래에서만 그런 것은 아니다. 모든 수입 시가 상자는 흡연자의 손에 도달할 때까지 수많은 사람의 손을 거치며, 지불도 여러 번 이뤄진다. 분업이 필요한 여러 과정을 거치니 당연한 일이다. 즉 한편으로는 상품이 만들어지는 해외시장을 잘 아는 사람들과 그 상품을 소비하는 독일 시장을 잘 아는 사람들 간의 분업의 필요에, 다른 한편으로는 대규모의 해외무역 거래관계를 잘 아는 대상인과 현지 고객층을 신뢰하는 소매상인 간의 분업의 필요에 그 적절한 이유가 있다는 것이다. 서로 연결되는 저 모든 거래를 더하면 여기에서도 실제로 존재하는 것보다 더 많은 시가가 팔린다는 사실이 드러난다.

그렇지만 선물거래로 인해 똑같은 상품량의 거래 횟수가 아주 엄청나게 **증가할** 수 있으며 또 실제로 증가한다는 것은 사실이다. 그러므로 이런 한에서 선물거래는 상업 조직의 일반적인 발전 경향, 즉 중간 고리의 수가 점점 **감소하는** 것과는 반대 방향으로 작용한다. 선물매매는 계약이행 기한의 연장이라는 형태로 **신용**으로 투기하는 것을 가능하게 하며, 이와 동시에 투기자에게 필요한 신용의 **정도**를 낮추기 때문이다. 투기자는 자산이 있다고 여겨지는 상대를 찾을 수 있다면, 충분히 투기에 참여할 수 있다. 이때 상대는 나중에 투기에 실패해 손해가 날 경우에 그 차액을 메울 수 있을 정도의 자산을 가져야 한다. 이 필요한 조건조차도 많은 거래소에서는 사라지고 있다. 미국의 거래소에는 다음과 같은 제도가 있다. 즉 모든 투기자는 거래 체결 직후에 계약 금액의 몇 퍼센트에 해당하는 증거금('마진Marge', 독일어로는 '아인슈스Einschuß')을 은행에 공탁하는데, 청산한 다음에는 이 돈을 되돌려받는다. 나중에 시세표가 관계자에게 불리한 시세 변화—매수자라면, 가격 하락—를 나타낸다면, 그는 그 증거금으로 메울 수 있는 것보다 훨씬 더 큰 손실을 보며 현금화할 가능성이 있다. 그럴 경우 상대는 이 증대된 위험을 막기 위해 '추가 증거금'을 요구할 수 있다. 독일에는 상품 거래에서 똑같은 목적을 위한 **'청산 금고'** 제도가 여러 번 있었다. 즉 해당 품목(예를 들면 함부르크에서 커피) 매매에 참여하는 자들이 조합을 만들어 그 상품의 선물거래 계약을 맺는 모든 사람에게서 증거금과, 경우에 따라서는 추가 증거금을 받는다. 그 대신에 조합은 모든 계약의 이행을 그 조합원들의 자산으로 보증한다. 이 덕분에 이제는 투기자의 **인물**에 대해 더 이상 관심을 가질 필요가 없게 된다. 투기자에게는 결코 신용이 주어지지 않기 때문이다. 이 투기자나 저 투기자나 똑같다. 그가 증거금을 공탁하기만 한다면 말이다. 따라서 선물매매는—우리가 아는 것처럼—선물로 거래되는 상품이나 증권의 **'시장 확대'**에 크게 기여한다. 매매 횟수뿐만 아니라 이 매매에 참여하는 사람들의 범위도 상당히 확대된다.

그러나 부인할 수 없는 것은 그 범위가 **자산**이 별로 없는 사람들이 참여할 수 있는 방향뿐만 아니라 **전문 지식**이 별로 없는 사람들이 참여할 수 있는 방향으로도 확대된다는 사실이다. 오늘은 밀가루에 '선매先買로 투기하고' 다음 달에 귀리로 옮겨 가는 투기자는 다른 때에는 그 두 상품과 직업상의 관계를 조금도 가질 필요가 없다. 그는 오히려 종종 이 관계없는 물품에 거의 맹인처럼 가격 변동의 방향에 대한 어렴풋한 느낌에 따라 **투기한다**. 그에게는 가격 변동의 내적인 원인을 꿰뚫어 보거나 신중하게 검토할 수 있는 교양이 전혀 없기 때문이다. 투기 메커니즘은 비교적 단순하다. 따라서 직업상 투기와 전혀 관계없는 사람이 보기에도 그 투기 메커니즘은 다루기 쉬운 것 같다. 그가 씨를 뿌리지 않은 곳에서 수확을 할 수 있을 정도로 말이다. 외부의 '일반 대중'에게 투기에의 접근이 본질적으로 용이한 것은 의심할 바 없이 특히 선물거래의 성질 때문이다. 중매인은 외부자의 의뢰를 받는데, 그 고객의 신용 능력이 의심스러운 경우 몇 퍼센트의 '증거금'과—시세가 고객에게 불리하게 변할 경우, 따라서 고객이 손해 볼 기회와 함께 중매인의 리스크(고객이 이 손해를 지불할 수 없다는 것)도 증대할 경우—'추가 증거금'을 요구하는 것으로 만족한다. 게다가 중매인은 고객의 주문을 받아 고객을 대리해 거래 계약을 맺은 뒤 만기일이 다가오면 그의 지시에 따라 현금화하거나, 계약을 '연장한다'. 연장할 경우 중매인은 고객을 대리해 거래 유예 계약을 맺거나, 중매인 자신이 '결제 기일을 연장하는 투자자'로서 증권이나 상품을 다음 만기일까지 보유한다.

중매인의 지위도 지금은—중개인의 지위와 비슷하게—변했다. 독일의 상법에서는 중매인이 고객의 주문을 받아 제삼자와 계약을 맺도록 규정되어 있다. 따라서 이 계약 체결로 그는 권리와 의무를 동시에 가지게 된다. 제삼자에 대해서 고객은 직접적으로 아무런 청구권도 없으며, 그 역 또한 같다. 중매인이 모든 것을 처리한다. 즉 그는 상품이나 돈을 받은 다음 고객에게 회계 보고를 한다. 이익 기회와 거래 위험은 고객에게 돌아가고, 중매인은 '수수료'를 받는다.

거래 범위가 확대되면 사정은 부분적으로 변한다. 그래도 고객은 제삼자의 인물이나 신용 능력을 알지 못하기 때문에, 그와는 관계를 가지려 하지 않고, 자신의 중매인하고만 관계를 가지려고 한다. 중매인 입장에서는 항상 특별한 방식의 회계를 보고해야 한다는 부담이 있다.

하지만 그러한 것도 이미 다음과 같은 사정 때문에 종종 불가능하다. 자주 있는 일이지만, 중매인은 같은 증권을 사달라는 주문을 많이 받는다. 예를 들어 1만 마르크, 10만 마르크, 3만 마르크, 2만 마르크, 1만 5,000마르크, 말하자면 증권의 액면가로 총 17만 5,000마르크 어치를 즉시 사달라는 각기 다른 다섯 번의 주문을 받으면, 중매인은 경우에 따라서는 예를 들어 9만 마르크, 6만 마르크, 2만 5,000마르크로 세 번의 매수, 즉 각기 다른 세 가지 액수로 총 17만 5,000마르크 어치의 매수 주문을 처리할 수 있다. 따라서 개별 항목에 대해서 특별한 방식의 회계를 보고하는 것은 전혀 불가능하다. 게다가 어쩌면 그는 다량의 수요로 고객이 지불하는 가격을 너무 올리기보다는 자신의 비축물에서 일부 보내는 것을 선호할지도 모른다. 따라서 법률은 현재 중매인에게 대부분의 경우 소위 '자기 개입' 권리를 준다. 즉 법률은 중매인이 특별한 방식의 회계를 보고하는 대신에 고객에게 지체 없이 시세표에 기재된 해당 시점의 **거래소 시세**를 청구하는 것을 허용한다. 법률은 이렇게 하면 고객의 이익이 충분히 보호되고 중매인은 확실하게 통제될 수 있다고 가정하기 때문이다(이러한 가정이 항상 옳은지는 나중에 살펴볼 것이다). 그런 다음 중매인은 거래 계약의 이행에 대해서 고객에게 개인적으로 책임을 진다. 중매인들은 거의 예외 없이 이 권리를 행사한다. 그래도 고객은 항의하지 않는다. 고객들에게 중요한 것은 단지 자신들과 관계를 맺은 중매인의 손해배상 의무뿐이기 때문이다. 그러나 물론 중매인이 자기개입을 하게 되면, 외부의 고객과 거래소 사이에서 그렇지 않을 때보다 더 촘촘하게 베일이 쳐진다. 투기하는 고객은 이 베일 뒤에서 실제로 무슨 일이 일어나는지, 즉 매매 시세가 어떻게 형성되는지를 알지 못한다.

선물거래는 일반 대중을 끌어들여 시장을 쉽게 확대시킨다. 이 시장 확대는—이것은 의심할 바 없다—전문 지식이 없는 사람들뿐만 아니라 이득이든 손해든 모두 자기 책임이라고 느끼면서 거래소에서 일어나는 일을 독자적으로 검토할 의사가 **분명히** 없는 사람들도 거래소 거래로 끌어들인다.

이 '시장 확대'에 어떤 **국민경제적** 의의가 있는가? 어느 한 품목의 선물매매를 거래소에 도입하도록 하는 이해利害관계는 물론 **무엇보다도** 거래소에 있는 거래인 신분 집단의 이해관계다. 매매 횟수의 증가는 거래소에서 언제나 대량의 상품을 그곳 신문에 보도된 가격으로 사거나 팔 수 있는 확률을 증대시킨다. 이 가격은 거래소가 있지 않은 곳에서도 생산자, 판매자, 거래인의 가격 산정에 결정적인 영향을 미친다. 이 모든 것의 결과, 특히 거래소가 있는 곳에 거주하는 상인들은 다른 곳에서의 상품 발송을 이용할 수 있게 되었으며 특히 이 상인들도 매수 주문을 할 수 있게 되었다. 이렇게 해서 다시 매매가 늘어난다. 이와 동시에 **첫 번째로는** 거래소가 있는 곳의 상인들의 이익 기회가 늘어난다. 두 번째로는 그렇게 해서 **거래**

소 소재지의 경제적인 중요성과 힘도 다른 곳이나 외국에 비해 커진다. 큰 시장을 지닌 거래소 소재지의 상인은 외국으로부터 대량으로 발송되는 상품을 고정적으로 아주 더 쉽게 구입할 수 있다. 앞에서 언급한 것처럼 가격 변동으로부터 자신을 지킬 수 있는 가능성 덕분에, 그의 위험부담이 훨씬 더 줄어들기 때문이다. 그리고 외국 거래소와 비교해서 자국 거래소의 권력 위상이 올라간다는 것은—이 변화 역시 선물매매에 의해 초래된다는 사실은 의심할 바가 없다—또한 자국의 재정財政권력 위상과 함께 정치권력 위상의 강력한 상승을 의미한다. 베를린 거래소나 파리 거래소가 (예를 들면 이탈리아나 러시아처럼) 자금이 부족한 강국에게 채권 매각의 좋은 기회를 제공하는지는 정치적으로 아무래도 좋은 문제가 **아니다**. 그리고 시장을 지배하는 자가 자국 상인인지 외국 상인인지, 또 자국의 소비와 생산에 중요한 품목의 세계시장 거래가 어디로 집중되는지는 자국의 경제 이익 관점에서 볼 때 아무래도 좋은 문제가 아니다.

해당 시장의 높아진 권력 위상이 우려되는 여러 가지 부작용을 대가로 해서 얻어진다는 것은 의심할 바 없다. 우선은 아마추어가 투기에 참여하는 일이 확실히 늘어난다. 이와 동시에 일반 대중의 투기 욕망이 늘어나며 아울러 이 욕망을 거래소에서 만족시킬 기회도 늘어난다. 물론 선물거래가 이 방향으로 미친 영향을 과대평가해서는 안 된다. 일반 대중은—은행업자로부터 신용을 받기만 하면—마찬가지로 현물거래에서도, 예를 들면 시세 상승을 기대하며 증권의 현금 구입을 통해서도 투기한다. 최근에 있었던 이러한 종류의 가장 불쾌한 사건—예를 들면 폴케 재판에서 문제가 된 사건[32] — 은 그러한 투기적인 **현물**거래였다. 그렇지만 **현물**거래 형태로 이루어지는 일반 대중의 투기는 시세 변동이 크기 때문에 그들에게는 선물 투기보다 훨씬 더 위험하다. **선물**거래를 없애면 투기도 없어진다고 생각하지 않도록 주의해야 한다. **양**에서는 의심할 바 없이 투기가 — 비용이 많이 들기 때문에 — 어느 정도 제한된다. 그러나 증권의 선물거래가 없는 뉴욕 거래소가 가장 분명하게 보여주는 것처럼, **질**에서는 투기가 대단히 불안정해진다. 광대한 시장이 없을 경우에는 그 투기가 아주 더 무모해지기 때문이다.

따라서 투기를 억제하거나 이 투기가 일반 대중에게 미칠 위험을 억제하고 싶다는 생각은 결코 거래소 거래의 입법적 처리에 접근할 때의 **주요** 관점이 될 수 없다.

물론 거래소 밖에 있는 사람들을 가능한 한 사취로부터 보호하려는 목적에도 **아울러** 도움이 될 수 있다면, 다행이다. 이러한 관점에서 보면, 아주 다양한 손해의 주된 이유는 의심할 바 없이 **중매인**이 고객을 대하는 방식에 있다. 우리가 본 것처럼, 중매인은 '자기개입' 방법으로 거래 이행 방식에 대해 회계 보고를 하지 않을 권리가 있다. 그는 고객에게 공식적으로 정해진 거래소 시세로만 계산해주기 때문이다. 그렇지만 중매인은 **자신의** 투기거래를 통해 거래소 시세의 결정에 강력하게 영향을 미칠 수 있다. 특히 거래액이 많지 않은, 소위 '잡주雜株'나 '가벼운' 주식의 경우가 그렇다. 따라서 이러한

---

32 베를린 은행가 파울 폴케가 1891년 4월 러시아 루블화 시세를 조작한 혐의로 재판에 회부된 사건(옮긴이 주).

증권들의 경우애는 상당한 규모의 매수 주문이 시장에 나타날 때마다 가격이 올라간다. 그리고 중매인 자신이 '발행자'(앞을 보라)로서 유통시켰으며 그 대부분을 소유한 증권의 경우에는, 그가 거래소 시세의 결정에 가장 많이 영향을 미칠 수 있다.

이 경우 소위 '시세 조작'과 '저당물 투매'가 성행한다. 이것은 예를 들면 중매인이 고객에게 그러한 증권에 월말 만기로 매수 주문을 내라고 권한다는 것을 뜻한다. 이렇게 해서 고객이 해당 '증거금'(앞을 보라)을 내면, 그는 중매인이 해당 날의 거래소 시세로 '그를 위해서' 거래 계약을 '맺었다'(즉 중매인이 그에게 증권을 이 가격으로 제공하겠다)는 통보를 받는다. 아마도 중매인은—그는 고가로 소액을 사려는 사람으로 시장에 나타났기 때문에—그 자신이 이 시세 결정을 인위적으로 야기했을 것이다. 이제 중매인은 자신이 갖고 있는 증권 중에서 일부를 싼 가격으로 팔려고 내놓는다. 그 결과 낮은 가격이 시세표에 나오며, 중매인은—자신의 소위 리스크를 보상하기 위해—고객에게 이런 경우를 대비해 약속된 '추가 증거금'을 요구한다. 고객이 추가 증거금을 내놓지 않거나 제때에 내놓지 않는다면(종종 거래 조건에서는 24시간 이내 지불을 요구한다), 이것은 보통 거래 조건에 따라 다음과 같은 결과를 갖는다. 즉 중매인은 고객을 채무 불이행자로 간주해 '일방적인 거래 중단'(앞을 보라)을 할 권리가 있다는 것이다. 이렇기 때문에 고객은 차액을 지불하지 않을 수 없다. 그러나 금액이 큰 증권의 경우에는 이런 부정한 조작이 매우 힘들다. 그 증권의 가격에 영향을 미치기 어렵기 때문이다. 게다가 그렇게 하고 싶은 유혹은 본질적으로 동일한 사람이 중매인(고객이 믿을 수 있는 사람)인 동시에 그 자신을 위한 투기자이기도 할 때 생겨나기 때문이다. 따라서 모든 개혁 시도는 여기에서 시작해야 할 것이다.

그러나 집단 전체의 관점에서 볼 때, 일반 대중을 자신들의 투기 욕망의 결과로부터 보호할 수 있는가, 또 어떻게 보호할 수 있는가 라는 물음보다 더 중요한 것은 거래소가 **가격 형성**이라는 가장 중 요한 기능을 수행하는 방식에 상거래 형식, 특히 선물매매 형식이 어떤 영향을 미치는가라는 물음이다. 여기에서도 선물매매의 장점 과 단점은 거의 떼어놓을 수 없을 정도로 섞여 있다. 선물매매가 가 격 **평준화**라는—고도로 유익하며 투기거래에 본질적인—기능을 완전하게 수행하는 기술이라는 사실은 아주 확실하다. 재정거래인 이 파리에서 싸게 사자마자 런던에서 비싸게 팔면, 그는 파리에서 는 수요를 늘리고 런던에서는 공급을 늘린다. 말하자면 그는 비축 물을 **공간적으로** 골고루 배치하는 것이다. 투기자가 수확 후 겨울에 가격 상승을 기대하고 곡물을 6월 만기로 사서 봄에 6월 만기로 팔 경우, 그는 겨울에 일부의 곡물 소유자들에게 그 곡물을 지금 현물 로 싼 값에 처분하지 말고, 6월 기한으로 투기자가 그 곡물에 대해 약속하는 가격으로—따라서 이 기한이 다가올 때까지—창고에 보 관하라고 권한다. 말하자면 그는 지금은 현물 공급을 줄이고 장래 를 위해 비축물을 늘린다. 이렇게 해서 투기자는 비축물을 **시간적으 로**—1년 내내—골고루 분산시킨다.[33]

---

33 이러한 작용은 실제로는 대부분 이처럼 직접적인 형태로 이루어지지 않고, 좀 더 복잡 한 형태로, 특히 이연移延 거래를 개입시켜 이뤄진다. 그러나 그 작용이 목표로 하는 방

투기가 없다면 생겨날 일반적인 가격 수준의 급격한 동요가 이렇게 해서 완화된다. 그러나 물론 크고 가파른 가격 파도는 매일 진동하는 잔물결로 대체된다. 왜냐하면 투기의 결과는 전적으로 참여자들의 매수 경향 또는 매도 경향의 발전에 달려 있기 때문이다. 투기는 모든 사건에 매우 민감하며, 모든 사건은 현재나 장래의 매수 경향에 어떤 식으로든 영향을 미칠 가능성이 매우 불확실하게라도 있다. 수확기의 심한 폭우는 곡물의 선물 가격에서 그 영향을 드러내며, 모든 정치 뉴스는—가짜 뉴스일지라도—수많은 증권의 가격에 영향을 미친다. 종종 그 원인을 잘 알 수 없는 이러한 가격 불안전성은 당연히—특히 상품의 경우—생산자에게는 때때로 달갑지 않다.

그 외에도 선물매매에 대해 거대 은행이나 개별 투기자가 이기적인 이익을 위해 **인위적인** 가격 형성에 아주 쉽게 영향을 미칠 수 있다는 비난이 있다. 이 비난은 어떤 의미에서는 적절하다. 우선 아주 일반적으로는 어느 정도 그렇다. 왜냐하면 선물매매는 자기 자본이 없는 사람에게도 투기에의 접근을 용이하게 해주기 때문이다. 그러나 풍부한 성량, 노트, 연필밖에는 준비한 것이 거의 없는 다수의 소액 투기자들과—이들과 마찬가지로—판단력이 없는 일반 대중은 대체로 '위에서'—즉 거대 은행에서—내린 신호를 따르는 것 이외에 다른 선택이 전혀 없다. 따라서 어떤 이유에서든 높은 가격의 매수 주문으로 가격이 올라갈 때도, 그들 자신은 투기하기 위해 맹목

향은 원칙에서나 결과에서나 완전히 똑같다.

적으로 사게 된다. 이때 이 가격 상승이 언젠가 반락하리라는 것은 누구나 잘 알고 있다. 그러나 자신은 이익을 현실화하고 확실하게 예상되는 손실은 **다른 사람**이 입기를(**검은 피터**schwarzer Peter라는 카드 게임처럼) 누구나 바란다.

선물 가격에 쉽게 영향을 미칠 수 있다는 아주 일반적인 이러한 이유 이외에도 투기자가 사용하는 특별한 술책이 있는데, 사람들은 이것을 종종 선물거래의 기술적인 형식 탓으로 돌린다. 그러한 조작이 행해지는 가장 거창한 형식은 소위 '매점' 또는 '사재기'이다. 이것들은 한 방향으로 (특히 상승세에) 계약한 단독의 대大투기자나 또는 그럴 목적으로 연대한 여러 대투기자들이, 이와 반대로 계약한 사람들로 하여금 기한에 의무를 이행할 수 없게 해서 이들에게 배상금을 부과하려고 하는 것이다. 일례로, 베를린 거래소에서 루블화 지폐의 하락세에 투기한 사람들을 파산시키기 위해, 러시아 재무부 장관은 베를린의 한 은행을 통해 베를린 시장에 있는 거의 모든 루블화 지폐를 사 모으게 했다. 그러자 자신들이 인도해야 할 만기일이 다가왔을 때 이것을 알아차리지 못한 하락세 투기자들은 의무를 이행하는 데 필요한 지폐를 살 수 없었거나 인도할 수 없었다. 결국 그들은 상기 은행을 통해 자신들에게 루블화 지폐를 팔라고 러시아 재무부 장관에게 직접 호소할 수밖에 없었다. 아무튼 이러한 사건들은 수십 년을 돌이켜 보아도 독일에서는 기껏해야 수십 건에 지나지 않으며, 매우 일시적인 열병처럼 몇몇 투기자의 파산, 결국 대부분 '매점' 자체의 파산으로 끝나는 현상이다. 무엇보다도 그러한 사건들은 결코 선물거래의 형식에 얽매이지 않았다. 오히려 우리 나라에서는 그런 일들이 대부분 '현물'거래를 통해―여기에서는 자세히 소개할 수 없는 방식으로― 일어났다.

실제로 선물매매 **자체에** 대해서 아주 일반적으로 행해지는 비난들은 거의 모두 선물매매가 판단력이 없거나 재산이 없는 투기자들을 쉽게 끌어들인다는 점과 관련이 있다. 그러나 이 용이함은 선물매매로 촉발된 '시장 확대'의 뒷면에 불과하다. 시장 확대가 국민경제에서 갖는 **긍정적인** 의의의 주요 특징은 앞에서 보았다. 국가의 정치적 및 경제적 권력 이해라는 관점에서 보면, 이 부정적인 측면을 이유로 **자국**에서 어느 한 품목의 선물매매를 **일방적으로** 금지할 수는 **없다**. 왜냐하면 금지 조치의 목적인 투기 억제에는 성공하지 못하고, 그 품목의 결정적인 **시장**도 외국으로 쫓아내 외국의 금융능력을 강화시킬 뿐이기 때문이다. 자국의 일반 대중의 투기 유혹 증가와 이로 인한 그들의 손실을, 경제 지배자 지위를 얻기 위한 국가 간 전쟁 비용의 일부로 감수하지 않으면 안 된다. 선물거래를 없애는 것이 바람직한 개별적인 경우에만 **국제**협약을 통해 문제를 제기해야 할 것이다.[34]

독일의 권력 위상이라는 이해관계에서 나오는 합리적인 거래소

---

34 그러한 경우가 있다는 것은 의심할 바가 없다. 그러나 지면이 부족해서 여기에서는 그 것들을 자세하게 다룰 수 없다. 예를 들면 아마도 반제품인 소모 섬유[양모의 긴 섬유만 골라 가지런하게 다듬는 공정을 거친 섬유]가 그런 경우에 속할 것이다. 생산하는 데 긴 수확 기간을 필요로 하는 원료의 경우와는 달리, 반제품의 경우에는 가격이 상승할 때마다 쉽게 **과잉**생산이 일어날 수 있다. **내 생각에** 곡물은 **현재 독일의** 이익 관점에서는 이 경우에 속하지 **않는다**. 제국 의회가 국제협약 없이 자국을 위해 일방적으로 선언한 금지는 오로지 표 모으기만을 고려한 조치였으며, 이러한 측면에서도 어리석은 짓이었다.

정책은 거래 통제에 관해서 무엇을 추구해야 했는가? 그것은 내 생각에—시세 기록 방식, 중개업 규제, 곡물 선물매매 조건에 대한 규정 등과 같은 기술적인 세부 사항들이 문제되지 않는 한—다음과 같은 개략적인 방향만 있을 뿐이다. **자본이 없는** 투기자들이 거래소 거래에 직접 참여하는 것은 무익하고 해롭다. 따라서 바람직한 것은—아주 쉽게 실현될 수 있는 것은 결코 아니지만—입장할 때 자산 증명을 요구하는 것이다. '잡주'에 투기하는 것은 해롭기 때문에 금지해야 한다. 그러나 이는 **선물매매** 형식에서만 그런 것이 아니다. 투기가 현물거래 형태로 나타날 때도 투기시장의 형성은 계속 눈에 띄지 않을 수 없을 것이기 때문에, 시세 기록을 거부하고 모든 신문 보도를 금지하면 투기에 아주 효과적으로 대처할 수 있을 것이다. 독일 거래소에 상장되지 않은 증권의 시세를 독일 신문에서 보도하는 것과 그러한 증권 정보를 유포하는 것은 엄격하게 금지해야 할 것이다. 관할 재판소가 판단하기에, 이러한 증권 중 많은 수량이 독일 거래소를 **피해서** 독일 자본가들의 수중으로 흘러 들어갔을 것이라고 의심이 드는 경우에는 언제나 그렇게 해야 할 것이다. 그 밖에도 일반적으로는 모든 물품의 거래소 매매에 대해서, 특별하게는 선물매매에 대해서 감독하는 권한과 거부하는 권한은 국가권력에 위임해야 할 것이다. 그러나 이 선물매매에 관해 일반적으로 그러한 권한을 사용하기 위해서는, 금지가 바람직해 보이는 몇몇 대상에 대해서만은 국제협약이 맺어져야 한다. 게다가 경험이 없거나 분별력이 없는 사람들을 투기하도록 유혹하는 행위만은—거래소법을 통해 한 것처럼—처벌했어야 했을 것이다.

여러 국민들이 군사적으로 평화롭게 살 수 있더라도, 경제적으로 국가의 생존과 경제 권력을 위해 무자비하고 불가피한 투쟁을 수행하는 한, **순전히** 이론적이며 도덕적인 요구의 관철은—경제적으로도 **일방적인** 무장해제는 할 수 없다는 점을 고려한다면—상당히 제한된다. 강력한 거래소는 '윤리적인 문화'를 위한 클럽일 수 없다. 거대 은행들의 자본도, 엽총과 대포와 마찬가지로 '복지시설'이 아니다. **현세적인** 목적만을 추구하는 경제정책에서는 그 목적이 하나일 수밖에 없다. 저 경제 투쟁에서의 **권력 수단**이 되는 것이다. 이 제도들의 정당성을 인정하라는 '윤리적인' 요구가 그 나름의 권리를 보장받는다면 경제정책은 이것을 기꺼이 받아들일 것이다. 그러나 경제정책은 **궁극적으로** 광신적인 이해관계자들이나 세상 물정에 어두운 경제평화 사도들이 자국민을 무장해제시키지 않도록 감시할 **의무**가 있다.

입문서

1. 증권거래소에 대하여

Salings Börsenpapiere(Siegfried ed.) vol. 1(증권 거래의 기술적 측면을 매우 잘 서술했다).

Emile Struck, *Die Effektenbörse. Eine Vergleichung deutscher und englischer Zustände*, Leipzig, 1881(세계에서 가장 발달한 유가증권거래소—런던—에 대해 영국 자료를 근거로 기술했다).

Richard Ehrenberg, *Die Fondsspekulation und die Gesetzgebung*, Berlin, 1883(투기 및 소위 '차액 거래'에 대한 입법 투쟁의 역사를 기술했다).

2. 상품거래소에 대하여

Carl Johannes Fuchs, *Der Warenterminhandel, seine Technik und volkswirtschaftliche Bedeutung*, Leipzig, 1891(짧아서 입문서로 매우 적합하다).

헤르만 슈마허의 일련의 논문, *Konrad Jahrbüchern* 제64권과 제65권. 특히 **미국의 곡물 선물거래**에 대한 논문(이런 종류의 개별 연구에서 지금까지 나온 것 중에서는 가장 뛰어나다).

3. 독일의 거래소 개혁에 대하여

제국 거래소 법의 수많은 판본과 논평.

거래소 조사 위원회 보고서(값싼 8절판).

나는 《상법 잡지*Zeitschrift für Handelsrecht*》 제34권과 제35권에서 조사 위원회 회의가 제공한 것으로서 2절판 5권을 가득 채우는 매우 방대한 자료의 편집을 시도했다.

또 하나의 편집은 *Börsenreform in Deuschland von Pfleger und Gschwindt*(1896)으로 나왔다(지금까지 2권 분책).

그 밖에 비교할 만한 것으로는 다음이 있다. Gustav Cohn, *Zur Börsenreform*, 1895.

옮긴이의 말

이 책은 독일의 사회학자 막스 베버가 경제학 교수일 때 거래소에 대해 쓴 두 편의 논문을 우리말로 옮긴 것이다. 첫 번째 글 〈거래소의 목적과 외적 조직 *Zweck und äußere Organisation der Börsen*〉은 1894년 독일의 자유주의 정치가 프리드리히 나우만이 발행한 《괴팅겐 노동자 문고》 제1집 2·3호(17~48쪽)에 처음 발표되었다. 두 번째 글 〈거래소 거래 *Der Börsenverkehr*〉는 1896년 역시 같은 《괴팅겐 노동자 문고》 제2집 4·5호(49~80쪽)에 발표되었다. 이 두 논문은 베버가 죽은 다음 그의 아내 마리안네 베버가 편집한 《사회학과 사회정책 논문집》에 〈거래소〉라는 제목으로 수록되었다. 번역의 대본으로는 이 1924년 판을 이용했다.

독일 사회정책학회는 1890년에 독일 전역에 걸친 농업노동자 실태 조사를 기획했다. 이때 베버는 엘베강 동부 지역을 담당했다.

2년 후 그는 보고서를 제출하면서 조사의 결론으로 다음과 같이 썼다: 농업노동자들의 생활수준을 향상시키고 이웃 슬라브 국가들로부터 독일 국민을 지키는 것은 동엘베 지방의 대토지 경제를 해체하는 것에 의해서만 달성될 수 있다. 이러한 제안이 담긴 보고서는 베버에게 학문적 명성을 가져다주었다.

이 보고서에서 베버는 국내 및 국제 곡물 가격이 대토지 소유자와 농업노동자들에게 대단히 중요하다고 언급했는데, 이 곡물 가격은 거래소에서 형성되었다. 1890년대 초는 세계적으로 곡물 가격의 하락기였다. 유럽의 경우 러시아, 미국, 아르헨티나 등에서 과잉생산된 곡물이 대량 유입되어 독일의 곡물 가격도 계속 내려갔다. 특히 선물거래가 외국 곡물의 유입을 용이하게 해 곡물 가격이 크게 하락했다. 마침내 선물거래를 중지시키면 곡물 가격의 하락을 막을 수 있다는 의견이 거래소 조사 위원회에 의해 제시되었다. 게다가 당시에는 거래소에서의 거래가 정직하게 일하는 사람들을 희생시키면서 일종의 공모자들이 거짓말로 속이는 것이라는 인식이 대규모 토지 소유자나 농업노동자들뿐만 아니라 도시의 산업노동자들에게도 널리 퍼져 있었다. 거래소는 어떻게든 없애버리는 것이 좋으며 또 없애버릴 수 있다고 생각하는 사람들이 아주 많았다.

베버는 일반 대중의 이러한 견해가 거래소에 대한 몰이해 내지는 아주 피상적인 이해에 기인한다고 판단했다. 1894년부터 1897년까지 거래소에 대해 베버가 발표한 글 일곱 편은 이러한 배경에서 쓰인 것이다. 이중에서 특히 주목할 논문은 〈거래소의 목적과 외적 조직〉(1894)과 〈거래소 거래〉(1896)이다. 1894년의 논문은 거래소나 자본시장과 아무 관계가 없는 사람들에게 거래소의 목적과 조직, 그리고 이곳에서의 거래에 대해 입문적인 지식을 제공하기 위해 쓰였다. 베버는 국제 교역의 복잡화와 이에 관여하는 행위자들의 전문화를 서술하고 거래소의 기원이 무엇이고 거래소가 어떻게 기능하며 경제에서 어떤 역할을 하는지를 설명하면서, 거래소가 자본주의사회에 없어서는 안 되는 제도라고 말했다. 그리고 논문의 마지막 각주에서 다음과 같이 예고했다. "제2부에서는 거래소 거래의 청산 방식 및 그 형식, 시세 결정과 가격 형성의 방식, 그리고 거래소 거래에서 거대 은행의 기능에 집중할 것이다. 그 목적은 거래소에서 달성할 수 있는 것과 거래소 제도 분야에서 어떤 개혁 목표를 설정할 수 있고 또 설정해야 되는지에 대해 개략적인 이해를 얻기 위해서다."(이 책 56쪽)

그러나 1896년에 발표한 제2부에서 2년 전의 약속을 제대로 지키지 못했다. 베버 자신도 거래소 개혁의 제안이나 거래소 법에 대해서는 자세히 다루지 못했음을 인정하며 그 이유를 지면 부족 탓으로 돌렸다. 그런데 제2부에서 특기할 만한 점 중 하나는 그가 약속을 지키지 못했다는 사실보다는 그의 민족주의 의식이 두드러지게 표출되었다는 사실이다. 거래소가 제도화되면서 상품 교환무역이 세계로 확장됐고 선물거래는 합리적인 생산자에게 보험 역할을 하게 됐다. 베버는 거래소의 이러한 긍정적인 기능을 주로 '국가의 정치적 및 경제적 권력 이해'의 관점에서 평가했다. 그는 그러한 제도가 없다면 국가가 강대국 지위를 획득하기 위한 투쟁에 뛰어들 수 없다고 힘주어 말했다. 한편 이 논문에서 베버의 관심을 사로잡은 것은 투기 현상인데, 그는 투기 자체를 막으려는 모든 시도가 국가 간의 끊임없는 냉혹한 경제 투쟁에서 독일을 결정적으로 약화시킨다고 보았다. "국가의 정치적 및 경제적 권력의 이해라는 관점에서 보면, 이 부정적인 측면을 이유로 자국에서 어느 한 품목의 선물 매매를 일방적으로 금지할 수는 없다. 왜냐하면 이 금지 조치의 목적인 투기 억제에는 성공하지 못하고, 그 품목의 결정적인 시장도 외국으로 쫓아내 외국의 금융 능력을 강화시킬 뿐이기 때문이다. 자국의 일반 대중의 투기 유혹 증가와 이로 인한 그들의 손실을, 경제 지배자 지위를 얻기 위한 국가 간 전쟁 비용의 일부로 감수하지 않으면 안 된다."(이 책 102쪽)

그렇다면 1894년의 논문에서는 드러나지 않았던 그의 민족주의 입장이 어떻게 해서 2년 후의 논문에서는 명확하게 나타났는가? 이 문제와 관련해서 주목할 필요가 있는 문헌이 바로 1895년 5월 13일 프라이부르크대학교 경제학 교수 취임 강연 〈국민국가와 경제정책〉이다. 이 강연이 다룬 주제 중 하나가 경제정책의 가치 기준이다. 베버에 따르면 경제정책에 대한 학문은 일종의 정치적인 학문으로, 정치의 시녀이다. 따라서 독일 경제정책의 가치 기준은 독일일 수밖에 없다. "독일의 경제정책 문제에 대해서는—특히 국가는 경제생활에 개입해야 하는지, 개입해야 한다면 어느 정도로 해야 하는지, 아니면 국가는 오히려 국민의 경제능력에 대한 속박을 풀고 제한을 철폐해서 이 국민의 경제능력이 자유롭게 발휘되도록 해야 하는지 또 언제 그렇게 해야 하는지라는 문제에 대해서도—개개의 경우 우리 국민과 그 담당자인 독일 국민국가의 경제적 및 정치적인 권력 이해에 따라 최종적이며 결정적인 판정을 내려야 한다."
(막스 베버, 〈국민국가와 경제정책〉, 《직업으로서의 학문》, 문예출판사, 2017,
108쪽) 이와 같은 베버의 진술을 보면, 《거래소》의 제2부, 특히 그 끝
부분에서 분명하게 나타난 그의 민족주의 입장은 결코 즉흥적인 것
이 아니라는 사실을 알 수 있다. 그것은 전년도의 교수 취임 강연에
서 표출된 그의 정치의식을 그대로 반영한 것이다.

　이상과 같은 점들을 종합하면, 《거래소》는 베버의 금융 전문가
로서의 모습뿐만 아니라, 그의 정치사상의 발전 경로도 보여준다고
말할 수 있다. 현대 경제에서의 거래소 기능만이 아니라, 베버 정치
사상의 형성 과정에 대해서도 관심이 있는 사람이라면, 이 책에 주
의를 기울여야 할 것이다.

2020년 5월
이상률

옮긴이 **이상률**

고려대학교 문과대학 사회학과와 같은 대학원을 졸업하고, 프랑스 니스대학교에서
수학했다. 현재는 번역가로 활동 중이다. 주요 번역서로는 클로드 프레데릭 바스티아
의《국가는 거대한 허구다》, 가브리엘 타르드의《모방의 법칙》,《여론과 군중》, 표트르
크로포트킨의《빵의 쟁취》, 막스 베버의《관료제》,《사회학의 기초개념》,《직업으로서
의 학문》,《직업으로서의 정치》,《유교와 도교》, 베르너 좀바르트의《전쟁과 자본주의》,
《사치와 자본주의》, 칼 뢰비트의《베버와 마르크스》, 데이비드 리스먼의《고독한 군
중》, 세르주 모스코비치의《군중의 시대》, 그랜트 매크래켄의《문화와 소비》, 하비 콕
스의《세속도시》등이 있다.

거래소

1판 1쇄 인쇄 2021년 4월 15일
1판 1쇄 발행 2021년 4월 23일

지은이 막스 베버 │ 옮긴이 이상률
펴낸곳 (주)문예출판사 │ 펴낸이 전준배
출판등록 2004. 02. 12. 제 2013 -000360호 (1966. 12. 2. 제 1-134호)
주소 03992 서울시 마포구 월드컵북로6길 30
전화 02-393-5681 │ 팩스 02-393-5685
홈페이지 www.moonye.com │ 블로그 blog.naver.com/imoonye
페이스북 www.facebook.com/moonyepublishing │ 이메일 info@moonye.com

ISBN 978-89-310-2204-9 03300

• 잘못 만든 책은 구입하신 서점에서 바꿔드립니다.

문예출판사® 상표등록 40-0833187호, 제 41-0200044호